Backen ist Glück

Bettina Faoro

Backen ist Glück

LECKERE REZEPTE FÜR KUCHEN, TORTEN,
SCHNITTEN, TÖRTCHEN UND KEKSE

ATHESIA VERLAG

... dedicato a voi,
voi che mi sostenete sempre
e credete in me
e nei miei sogni.

Danke, Mami,
grazie papà!

Inhalt

BETTINA BÄCKT

FACEBOOK – DIE BELIEBTESTEN REZEPTE

KLASSIKER NEU INTERPRETIERT

SCHNELLE KUCHEN UND SCHNITTEN FÜR ALLE TAGE

KINDERGEBURTSTAG

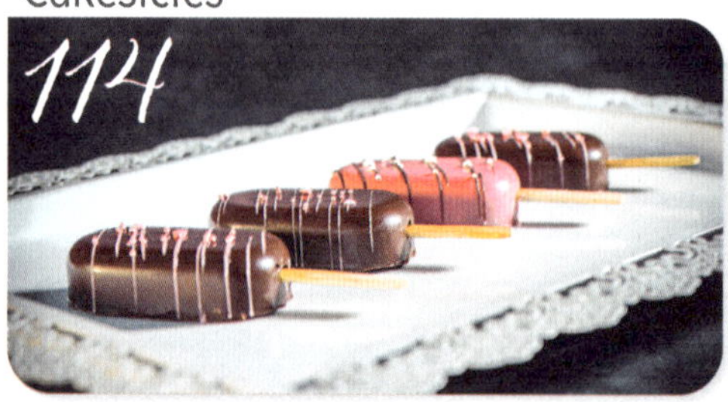

FÜR BESONDERE ANLÄSSE

MIT EIERLIKÖR-GANACHE
Tipp
Alle Zutaten immer akkurat ab-
wiegen. Kein teures Mandelmehl, das
oft als Mehl-Ersatzprodukt angeboten
wird, kaufen. Es ist teilentölt und damit ge-
lingen keine Macarons. Einfache geschälte
und gemahlene Mandeln aus dem Super-
markt mit Puderzucker mischen und noch
einmal zusammen in der Küchenmaschine
oder im Blitzhacker mahlen. So tritt kein
Öl aus den Mandeln aus, und die
Macarons werden perfekt.

Backen bedeutet kreativ sein

Schon als Kind war ich sehr kreativ. Ich malte gerne und bereits im Kindergarten war meine Zeichenmappe immer prall gefüllt. Auch heute noch gehört das Malen zu meinen Hobbys, selbst wenn ich nicht immer die Zeit dafür finde. Eine andere Möglichkeit, meine Kreativität auszuleben, ist das Backen und Verzieren von Torten und Gebäck. Dabei kann ich mich wunderbar entspannen! Ich liebe es, durch Backbücher zu blättern, mir Tutorials im Internet anzusehen, mich inspirieren zu lassen und immer wieder Neues auszuprobieren. Mir geht es nicht darum, die Dinge, die ich sehe, eins zu eins nachzubacken, sondern ich will das, was mir optisch ins Auge fällt, auf meine ganz eigene Art umsetzen. Sicher ist mir dabei meine Kreativität behilflich, aber ich glaube, dass alles, was man gerne macht, gelingt.

EIN TRAUM HAT SICH ERFÜLLT

Ein eigenes Backbuch – mit meinen Rezepten und meinem Namen auf dem Buchcover –, das war schon lange ein großer Traum von mir. Jetzt halte ich es in den Händen und kann es noch immer nicht ganz glauben.
Ich habe in dieses Buch viele meiner Lieblingsrezepte aufgenommen. Meine Torten, Schnitten und Kekse sollen durch ihre einfachen Zutaten und ihre Dekoration eine Quelle der Inspiration sein. Sie sollen dazu anregen, selbst kreativ zu werden. Denn ich finde, mit Selbstgebackenem kann man nicht nur sich selbst, sondern auch anderen Menschen immer eine Freude bereiten.
In diesem Sinn wünsche ich allen viel Spaß und Freude beim Backen und gutes Gelingen!
Man sollte nie aufhören zu träumen, denn manchmal werden Träume wahr.

Bettina Faoro

Bettina

BETTINA BÄCKT

ALLGEMEINE TIPPS

- Ich backe eigentlich immer mit Ober- und Unterhitze. Nur für „Bettinas Kekse" verwende ich Umluft.
- Am liebsten backe ich meine Torten in einer Springform mit einem Durchmesser von 20 cm, weil sie so schön hoch werden. Das finde ich im Moment einfach besonders hübsch. Die Rezepte können aber genauso gut in einer 24er- oder 26er-Form gebacken werden. Die Torten werden zwar niedriger, haben dafür aber die klassische Tortenform. An den Mengenangaben ändert sich nichts, aber die Backzeit fällt etwas kürzer aus. Außerdem sollten niedrige Torten zum Füllen immer nur einmal durchgeschnitten werden.
- Nicht jeder Backofen ist gleich! Deshalb können meine Angaben zur Backzeit nur ein Richtwert sein. Machen Sie gegen Ende der Backzeit immer eine Stäbchenprobe, um zu sehen, ob der Kuchen durchgebacken ist. Stechen Sie dazu mit einem Holzstäbchen in die dickste Stelle des Kuchens. Wenn beim Herausziehen kein Teig mehr am Stäbchen klebt, ist der Kuchen fertig.
  Bei Mürbteig erkennt man an der Farbe – goldgelb –, ob das Gebäck durchgebacken ist.
- Zum Bestauben von Kuchen verwende ich gerne Dekorschnee, der im Gegensatz zu normalem Staubzucker nicht schmilzt.
- Ich backe und fülle die Torten normalerweise immer am Vortag, denn dann können sie gut durchziehen. Sobald die Tortenbasis ausgekühlt ist, schneide ich sie durch und fülle sie. Auf diese Weise wird die Tortenbasis nicht trocken.
- Bei Buttercremetorten tränke ich die Tortenböden vor dem Füllen mit Läuterzucker. Läuterzucker lässt sich ganz leicht selbst herstellen: Zucker und Wasser zu gleichen Teilen aufkochen, bis sich der Zucker aufgelöst hat. Nach dem Abkühlen kann der Läuterzucker verwendet werden. Je nach Geschmack kann man ihn auch noch aromatisieren.
- Die Tortendekorationen lege ich immer erst kurz vor dem Servieren auf die Torte. Vor allem Obst sieht so einfach frischer aus. Außerdem können bestimmte Dekorationen, z. B. bunte Schokolinsen für Kindergeburtstagstorten, so nicht abfärben und zu unschönen Farbrändern auf mit Creme eingestrichenen Torten führen. Auch Blüten sollten so spät wie möglich auf die Torte gelegt werden, damit sie beim Servieren nicht schon welk aussehen.

BACKZUBEHÖR

Die Auswahl an Backzubehör ist riesengroß! Ich staune selbst manchmal, was es so alles gibt ... Allerdings muss ich zugeben, dass ich mittlerweile ziemlich viele dieser Backsachen habe. Manche werden bei Schuhen oder Taschen schwach, ich liebe halt alles rund ums Backen ...
Natürlich braucht man nicht jedes Werkzeug, das es auf dem Markt gibt. Doch einiges ist sehr nützlich und erleichtert das Backen und Verzieren von Torten ungemein. Deshalb stelle ich hier die Dinge vor, die ich ständig benutze und von denen ich denke, dass sie unentbehrlich sind, um ein tolles optisches Ergebnis zu erzielen. Aber keine Angst, keines der vorgestellten Tools ist wirklich notwendig, um meine Rezepte nachzubacken.

Küchenpinzette

Die Pinzette benutze ich, um Torten, Mini-Törtchen oder Kekse mit kleinen Zuckerperlen, Blüten, Streuseln oder anderen Dekoren zu verzieren. Selbst winzige Teilchen kann ich damit genau dort platzieren, wo ich sie gerne hätte. Außerdem vermeide ich so unschöne Fingerabdrücke auf der Torte.

Drehteller

Um Torten mit Creme einzustreichen, stellt man sie am besten mitsamt dem Cakeboard auf einen Drehteller. Mit einem Buttermesser, einer Teigkarte oder einer Winkelpalette kann man die Torte dann ganz leicht und gleichmäßig mit Creme, Sahne oder Ganache bestreichen. Um die Ränder schön glatt zu bekommen, hält man die Teigkarte mit der einen Hand gerade an den Tortenrand und dreht den Teller mit der anderen Hand immer ein Stück weiter.

Tortenrandfolie

Ein großartiges Hilfsmittel zum Füllen von Torten und Törtchen ist Tortenrandfolie, die man in verschiedenen Längen und Breiten bekommt. Mit ihrer Hilfe gelingen perfekt glatte Tortenränder, zum Beispiel bei Mousse-Torten. Ich verwende am liebsten etwas festere Folie, vor allem für Törtchen, da ich sie einfach mit Klebeband um den Boden fixieren kann und keine Torten- bzw. Dessertringe verwenden muss. Der Gebrauch von Tortenrandfolie ist ganz einfach: Man legt sie in einen Tortenring oder -rahmen und kann dann die Füllung auf dem Tortenboden verstreichen bzw. die Torte füllen. Nach dem Festwerden zieht man die Folie einfach ab und man hat einen schönen, glatten Tortenrand. Wer keine Tortenrandfolie zur Hand hat, kann auch in Streifen geschnittenes Backpapier um den Tortenboden legen und das Ganze dann mit einem Tortenring fixieren. Bei Törtchen sollte man das Backpapier allerdings doppelt nehmen.

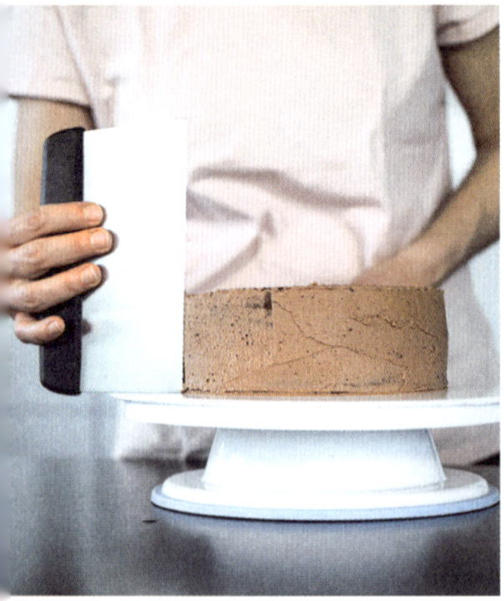

Winkelpalette

Die Winkelpalette ist ein Werkzeug, das ich besonders oft benutze, sei es zum Füllen von Torten und Keksen oder zum Glattstreichen von Cremes. Ich finde, sie liegt besser in der Hand als eine gerade Palette und man kann damit sauberer und gleichmäßiger arbeiten.

Teigkarte/Tortenkamm

Rechteckige, glatte Teigkarten verwende ich, um die Oberfläche oder den Rand von Torten glatt zu streichen. Das geht besonders einfach, wenn man die Teigkarte senkrecht an den Tortenrand hält und dann den Drehteller Stück für Stück dreht. Das Ergebnis ist eine gleichmäßig eingestrichene Torte mit perfekten Kanten. Teigkarten bzw. Tortenkämme gibt es in verschiedenen Größen und Ausführungen, z. B. mit Wellen, mit denen man auch dekorative Muster in Glasuren oder Cremes zaubern kann.

Silikonformen

Auch wenn Silikonformen im Moment sehr beliebt sind, verwende ich sie eigentlich kaum zum Backen. Ich bevorzuge klassische Springformen oder Tortenringe. Trotzdem sind die Silikonformen ausgesprochen praktisch. Man kann in ihnen z. B. Mousse-Torten einfrieren und anschließend ganz einfach wieder herauslösen. Für Fruchteinlagen verwende ich nur noch Silikonformen, da sie sich nach dem Festwerden leicht herausdrücken lassen. Außerdem gibt es wirklich hübsche Formen, beispielsweise für Fruchtkerne, die optisch viel hermachen. Mirror-Glaze-Torten fülle ich immer in Silikonformen, da die Oberfläche auf diese Weise spiegelglatt wird. Einfach die Mousse in die Silikonform gießen und einfrieren – auf diese Weise gelingt die Glasur perfekt! Im Sommer verwende ich gerne eine Tourbillon-Silikonform (Spiralform), um damit Fruchtaufleger für Obsttorten oder Cheesecakes zu machen.

Tortenschneider

Damit die Tortenstücke beim Anschneiden toll aussehen, müssen die Böden gerade geschnitten sein. Ich habe verschiedene Schneidehilfen ausprobiert und muss sagen, dass mir die verstellbare Tortensäge, bei der man die gewünschte Höhe einstellen kann, am besten gefällt. Wahrscheinlich ist das Durchschneiden des Bodens reine Übungssache und gelingt auch mit anderen Hilfsmitteln. Ich verwende jedenfalls immer eine Tortensäge.

TORTENDEKORATION

Erst die Dekoration verleiht der Torte das gewisse Etwas. Ob sie üppig ausfällt oder man Verzierungen eher sparsam einsetzt, bleibt jedem selbst überlassen. Ich persönlich dekoriere nach dem Motto „Weniger ist mehr“ und setze schlichte, selbst gemachte Dekorationen gezielt und passend zum Anlass ein. Außerdem verziere ich meine Backwaren am liebsten mit natürlichen Zutaten. Zu einem Kindergeburtstag darf die Dekoration ruhig auch einmal farbenfroher und reichhaltiger sein, denn Kinder lieben alles, was bunt ist! Und was gibt es Schöneres als strahlende Kinderaugen.

Die besten Backutensilien

Mit den richtigen Geräten und Küchenhelfern bäckt und verziert es sich gleich viel leichter. Ob Pinzette, Palette oder Teigkarte, ob Tortenschneider, Küchenwaage oder Silikonbackform, die Auswahl an Backzubehör ist riesengroß.

Steba
ZERO
MODE
kitch'n'cook
www.schoenhuber.shop
SCHÖNHUBER
SEIT 1840
BRUNECK · BRUNICO
SCHÖNHUBER
FRANCHI
BOZEN · BOLZANO
SCHÖNHUBER
DOMANIG
STERZING · VIPITENO
follow us

Zitronenkugeln

Für etwa 30 Stück

Zutaten

80 g weiße Schokolade, gehackt
40 g Butter
60 g Mandeln, geschält und gerieben
30 g Zitronensaft
1 TL Zitronenabrieb

Weiteres

Staubzucker

Zubereitung

1. Schokolade und Butter über dem Wasserbad schmelzen und glatt rühren.
2. Mandeln, Zitronensaft und Zitronenabrieb dazugeben und alles zu einer glatten Masse verrühren.
3. Im Kühlschrank mindestens 2 Stunden fest werden lassen.
4. Aus der Masse kleine Kugeln formen und in Staubzucker wälzen. Bis zur Verwendung im Kühlschrank aufbewahren.

Tipps

- Zitronenabrieb bzw. -saft können durch Orangenabrieb und -saft ersetzt werden.
- Die Zitronenkugeln halten sich im Kühlschrank etwa 1 Woche.
- Die Zitronenkugeln kann man eventuell vor der Verwendung noch einmal in Staubzucker wälzen.

Baisers

Für etwa 2 Backbleche

Zutaten
100 g Eiweiß
50 g Zucker
1 TL Zitronensaft
50 g Staubzucker

Zubereitung

1. Das Eiweiß in der Küchenmaschine schaumig aufschlagen.
2. Den Zucker einrieseln lassen und Zitronensaft zufügen. So lange schlagen, bis die Masse fest und glänzend ist und sich Spitzen bilden.
3. Den Staubzucker sieben, zur Eiweiß-Zucker-Masse geben und so lange weiterrühren, bis er gut eingearbeitet ist.
4. Die Masse in einen Spritzbeutel mit Sterntülle füllen und als Tupfen auf mit Backpapier ausgelegte Backbleche aufspritzen.
5. Im vorgeheizten Backofen bei 100 Grad 1 Stunde backen. Die Temperatur auf 90 Grad reduzieren und noch 1 Stunde bei leicht geöffneter Backofentür backen.
6. Baisers im Backofen auskühlen lassen.

Tipps

- Bevor man die Masse in einen Spritzbeutel füllt, kann man noch etwas Lebensmittelfarbe (am besten Pulver- oder Gelfarben) dazugeben, um bunte Baisers herzustellen.
- Die Baisers halten sich mehrere Wochen, wenn man sie in einem luftdichten Behälter bei Zimmertemperatur lagert.
- Damit die Backofentür einen Spalt breit offen bleibt, kann man einen Korken oder einen Holzstiel dazwischenklemmen.

Marzipanrohmasse

Für 350 g Marzipanrohmasse

Zutaten

200 g Mandeln, geschält
150 g Staubzucker
2 EL Wasser

Zubereitung

1. Die Mandeln mit Staubzucker und Wasser in einen Mixer geben. So lange mixen, bis sich die Zutaten zu einer homogenen Masse verbunden haben.
2. Die Marzipanrohmasse zu einer Rolle formen, in Frischhaltefolie wickeln und luftdicht verschlossen im Kühlschrank aufbewahren.

Tipps

- Die Mandeln lassen sich ganz leicht schälen, wenn man sie in einen Topf gibt und mit kochendem Wasser übergießt. Nach 10 Minuten das Wasser abgießen und die Mandeln einfach aus der Haut drücken.
- Die Marzipanrohmasse hält im Kühlschrank bis zu 10 Tage.

Modelliermarzipan

Marzipanrohmasse besteht eigentlich nur aus Mandeln und Zucker. Wenn man diese Masse nun mit Staubzucker im Verhältnis 1:1 verknetet, dann erhält man ein langsam trocknendes und besonders formstabiles Modelliermarzipan, das sich hervorragend zum Eindecken von Torten und Modellieren von Figuren, zum Beispiel Marzipanrosen, eignet. Um die Figuren auf der Torte zu befestigen, braucht man nur einige Tropfen Wasser.

Tipps

- Marzipan lässt sich sehr gut mit Gel- oder Pastenfarben einfärben. Beim Färben sollte man allerdings Gummihandschuhe tragen.
- Man kann die Figuren gut im Voraus modellieren und bei Zimmertemperatur trocknen lassen. Sie werden so noch stabiler.

Lebkuchenkugeln

Für etwa 30 Stück

Zutaten

140 g Lebkuchen mit Schokoladenüberzug
40 g Staubzucker
20 g Rum
50 g Vollmilchschokolade, gehackt
50 g Zartbitterschokolade, gehackt
20 g Butter

Weiteres

Staubzucker

Zubereitung

1. Die Lebkuchen fein mahlen und mit Staubzucker und Rum vermengen.
2. Schokolade und Butter über dem Wasserbad schmelzen lassen. Glatt rühren und zu den Lebkuchenbröseln geben.
3. Alles zu einer homogenen Masse verkneten und im Kühlschrank mindestens 1 Stunde fest werden lassen.
4. Aus der Masse kleine Kugeln formen und in Staubzucker wälzen.
5. Die Lebkuchenkugeln bis zur Verwendung im Kühlschrank aufbewahren.

Tipps

- Die Lebkuchenkugeln halten sich im Kühlschrank etwa 2 Wochen.
- Sie schmecken nicht nur als Tortendekoration, sondern passen auch wunderbar auf den weihnachtlichen Keksteller.

Frisches Obst in Szene setzen

Ich verziere Torten gerne mit verschiedenen Früchten. Damit das auch wirklich gut aussieht, sollte man nur frisches und qualitativ hochwertiges Obst verwenden.
Um die Haltbarkeit zu verlängern, besprühe ich die Schnittflächen von halbierten Früchten, z. B. Erdbeeren, mit Gelatinespray. Ganze Beeren lasse ich unbehandelt. Zu besonderen Anlässen verwende ich schon mal Goldspray oder -puder, um die Früchte noch wirkungsvoller in Szene zu setzen.

Mit Blüten dekorieren

Frische Blumen verleihen jeder Torte einen edlen Touch. Bei der Verwendung von Blüten ist es wichtig, dass diese unbedingt unbehandelt sind. Deshalb greife ich am liebsten auf Blumen aus meinem eigenen Garten zurück. Wer keinen Garten hat und sie im Blumenladen kauft, sollte auf jeden Fall nachfragen, ob die Blüten zum Verzehr geeignet und unbehandelt sind. Denn es gibt auch viele Blumen, die giftig sind und auf gar keinen Fall gegessen werden dürfen.
Behandelte Blumen spüle ich mit kaltem Wasser ab und tupfe sie vorsichtig trocken. Damit sie möglichst wenig Kontakt mit der Torte haben, lege ich sie meist nur darauf oder verwende ein Kunststoffröhrchen, wenn ich die Stiele in die Torte stecke.
Da die meisten Blüten innerhalb kürzester Zeit verwelken, bringe ich sie erst im letzten Moment auf der Torte an. Manchmal besprühe ich sie noch mit (Lebensmittel-)Farbspray, um einen zusätzlichen Effekt zu erzielen.

Gewürze und Zitrusschalen

Auf winterlichen Torten sehen Gewürze wie Zimtstangen, Vanilleschoten oder Sternanis sehr hübsch aus. Aber auch aus den unbehandelten Schalen von Zitrusfrüchten lassen sich hübsche Verzierungen zaubern. Meine Hilfsmittel dafür sind der Zestenreißer und verschiedene Keksausstecher.

FACEBOOK – DIE BELIEBTESTEN REZEPTE

Sachertorte

Hohe Springform (Ø 20 cm)

Backtemperatur: 160 °C ▭
Backzeit: etwa 80 Minuten

Boden
200 g weiche Butter
100 g Staubzucker
200 g Zartbitterschokolade, gehackt
8 Eigelb
180 g Mehl
8 Eiweiß
140 g Zucker

Glasur
150 g Sahne
190 g Zartbitterschokolade, fein gehackt

Weiteres
300 g Marillenkonfitüre, fein passiert
Läuterzucker

Meine Dekoration
frische Blüten

Boden

1. Butter und Staubzucker in der Küchenmaschine oder mit dem Handrührgerät cremig aufschlagen. Die Zartbitterschokolade über dem Wasserbad schmelzen lassen.
2. Eigelb nach und nach unter die Butter-Zucker-Masse rühren. Anschließend die geschmolzene Schokolade einarbeiten.
3. Das Mehl darübersieben und mit dem Schneebesen unterheben.
4. Eiweiß mit Zucker steif schlagen und vorsichtig unter die Masse heben.
5. Die Masse in eine mit Backpapier ausgelegte Springform füllen und im vorgeheizten Backofen bei 160 Grad (▭) etwa 80 Minuten backen.
6. Den Tortenboden aus dem Ofen nehmen und auf einem Kuchengitter auskühlen lassen.

Aufbau

7. Den Tortenboden zweimal waagerecht durchschneiden und die Böden mit Läuterzucker tränken.
8. Einen Boden mit zwei Drittel der Marillenkonfitüre bestreichen und mit dem zweiten Tortenboden abdecken. Die Oberfläche mit der restlichen Konfitüre dünn bestreichen und gut antrocknen lassen.

Glasur

9. Die Sahne aufkochen und über die Zartbitterschokolade gießen. Kurz stehen lassen und gut durchrühren.
10. Die Schokoladenglasur gleichmäßig über die Torte gießen und fest werden lassen.
11. Die Torte mit frischen Blüten dekorieren.

Tipps

- Für den Läuterzucker lässt man Zucker und Wasser im Verhältnis 1:1 so lange kochen, bis sich der Zucker aufgelöst hat. Vor der Verwendung vollständig auskühlen lassen.
- Die Oberfläche der Torte sollte wirklich nur hauchdünn mit Konfitüre bestrichen werden. Überschüssige Konfitüre kann man sehr gut mit einer Teigkarte abziehen.
- Ehe die Torte glasiert wird, muss die Konfitüre richtig angetrocknet sein. Man kann die Torte dazu eventuell kurz in den Gefrierschrank stellen.
- Sachertorte schmeckt am besten, wenn sie einen Tag durchziehen konnte.
- Für eine flachere Torte verwende ich eine größere Springform, beispielsweise eine 26er-Form. Die Backzeit verkürzt sich dann auf etwa 55 Minuten.

BRAND GORILLAS
CAROMA
mmmh Caffè

Schokomousse-Torte

Hohe Springform (Ø 20 cm)

Backtemperatur: 180 °C (Ober-/Unterhitze)

Backzeit: etwa 55 Minuten

Boden

4 Eier
180 g Zucker
200 g Öl
100 g Eierlikör
100 g Milch
240 g Mehl
40 g Stärkemehl
1 Pkg. Backpulver
20 g Backkakao

Schokomousse

250 g Vollmilchschokolade
50 g Zartbitterschokolade
500 g Sahne
4 Blatt Gelatine

Weiteres

150 g Sahne
50 g Nuss-Nougat-Creme
50 g Zartbitterschokolade, gehackt
25 g Butter

Meine Dekoration

Schokoladenwaffeln, -pralinen und -kekse

Boden

1. Eier und Zucker in der Küchenmaschine oder mit dem Handmixer hellgelb aufschlagen.
2. Öl, Eierlikör und Milch zugeben und alles gut vermengen.
3. Mehl, Stärkemehl, Backpulver und Kakao vermischen, über die Masse sieben und mit dem Schneebesen unterheben.
4. Die Masse in eine mit Backpapier ausgelegte Springform füllen und im vorgeheizten Backofen bei 180 Grad (Ober-/Unterhitze) etwa 55 Minuten backen.
5. Aus dem Backofen nehmen und auf einem Kuchengitter auskühlen lassen.

Schokomousse

6. Die Schokolade fein hacken und über dem Wasserbad schmelzen. Etwas abkühlen lassen.
7. Die Sahne steif schlagen.
8. Die Gelatine in kaltem Wasser etwa 10 Minuten einweichen, gut ausdrücken und unter ständigem Rühren bei schwacher Hitze auflösen. Zum Temperaturausgleich etwas geschlagene Sahne unterrühren, dann alles unter die restliche geschlagene Sahne ziehen.
9. Die Gelatine-Sahne-Mischung vorsichtig unter die geschmolzene Schokolade heben.

Aufbau

10. Den Tortenboden zweimal waagerecht durchschneiden. Einen verstellbaren Tortenring und Tortenrandfolie um einen Boden legen und die Hälfte der Schokomousse daraufgeben.
11. Den zweiten Tortenboden darauflegen und die restliche Mousse darauf verteilen. Mit dem dritten Boden abdecken.
12. Die Torte im Kühlschrank mindestens 6 Stunden fest werden lassen.

Fertigstellung

13. Die Sahne steif schlagen und die Nuss-Nougat-Creme vorsichtig unterheben.
14. Die Torte damit einstreichen und mindestens 2 Stunden im Kühlschrank ruhen lassen.
15. Für den Drip Zartbitterschokolade und Butter über dem Wasserbad schmelzen. Auf Zimmertemperatur abkühlen lassen (sie sollte aber noch dünnflüssig sein!) und in einen kleinen Spritzbeutel füllen.
16. Die Schokolade an der oberen Tortenkante entlang auftragen und über den Tortenrand fließen lassen. Mit Schokoladenwaffeln, -pralinen und -keksen garnieren.

Tipps

- Damit der Drip gelingt, muss die Torte unbedingt gut gekühlt sein, sonst läuft die Schokolade bis zum Boden!
- Die Konsistenz der geschmolzenen Schokolade entscheidet darüber, wie dick oder dünn die Tropfen werden. Je mehr Schokolade auf eine Stelle gespritzt wird, desto länger werden die Tropfen.
- Die Glasur kann man auch in einen Gefrierbeutel füllen, in den man ein kleines Loch schneidet. Oder man verwendet zum Verteilen der Schokolade auf dem Tortenrand einen Löffel.
- Die Schokomousse schmeckt auch sehr gut als Dessert!

Achtung,
fertig,
backen!

Tiramisu-Torte

Hohe Springform (Ø 20 cm)

Backtemperatur: 180 °C (Ober-/Unterhitze)

Backzeit: etwa 20 Minuten

Biskuit
3 Eiweiß
3 EL Wasser
70 g Zucker
3 Eigelb
90 g Mehl

Creme
2 Blatt Gelatine
250 g Mascarpone
3 Eigelb
3 Eiweiß
50 g Zucker

Weiteres
Zartbitterschokolade, geschmolzen
22 Löffelbiskuits
etwa 2–3 EL kalter Kaffee
Backkakao
200 g Sahne, geschlagen

Meine Dekoration
zartbittere Mokkabohnen

Biskuit

1. Eiweiß, Wasser und Zucker steif schlagen, bis die Masse weiß glänzend ist.
2. Eigelb verquirlen und unter den Eischnee ziehen. Das Mehl darübersieben und vorsichtig unterheben.
3. Die Masse in eine mit Backpapier ausgelegte Springform füllen und im vorgeheizten Backofen bei 180 Grad (Ober-/Unterhitze) etwa 20 Minuten backen.
4. Aus dem Backofen nehmen und auf einem Kuchengitter auskühlen lassen.

Füllung

5. Die Gelatine in kaltem Wasser etwa 10 Minuten einweichen. Den Mascarpone und das Eigelb gut verrühren.
6. Die Gelatine gut ausdrücken, in einen Topf geben und unter ständigem Rühren bei schwacher Hitze auflösen. 2–3 EL Mascarponecreme dazugeben, um den Temperaturunterschied auszugleichen. Anschließend alles unter die restliche Mascarponecreme rühren.
7. Eiweiß mit Zucker steif schlagen und unter die Mascarponecreme heben.

Fertigstellung

8. Die geschmolzene Schokolade in einen kleinen Spritzbeutel füllen und die Löffelbiskuits damit verzieren. Trocknen lassen. Den Tortenboden einmal waagerecht durchschneiden.
9. Einen verstellbaren Tortenring mit etwas Abstand um einen Boden legen, mit Kaffee tränken und die Löffelbiskuits hochkant an den Rand des Tortenrings legen. Den Tortenring so fixieren, dass die Kekse stabil in der Form stehen.
10. Die Hälfte der Mascarponecreme auf dem Boden verteilen. Den zweiten Boden darauflegen und mit Kaffee tränken.
11. Die restliche Mascarponecreme daraufgeben, glatt streichen und mit Kakao bestauben.
12. Die Torte mindestens 6 Stunden kalt stellen.
13. Den Tortenring entfernen, die Sahne steif schlagen und in Rosettenform auf die Torte spritzen. Jede Rosette mit einer Mokkabohne verzieren.

Tipps

- Für die Löffelbiskuits wird Biskuitteig mithilfe eines Spritzbeutels auf ein mit Backpapier ausgelegtes Blech gespritzt und etwa 10 Minuten im vorgeheizten Backofen bei 180 Grad (Ober-/Unterhitze) gebacken.
- Die Torte schmeckt am besten, wenn sie genug Zeit zum Durchziehen hatte. Ich backe sie daher immer schon am Vortag.
- Ich verwende zum Tränken der Böden immer koffeinfreien Kaffee, damit auch Kinder mitessen können.

Erdbeerkistl

Backrahmen (16 x 22 cm)

Mürbteig
Backtemperatur: 180 °C (Ober-/Unterhitze)
Backzeit: etwa 9 Minuten

Biskuit
Backtemperatur: 180 °C (Ober-/Unterhitze)
Backzeit: etwa 12 Minuten

Mürbteig
150 g Mehl
100 g kalte Butter, in Würfel geschnitten
45 g Staubzucker
1 Pkg. Vanillezucker
1 Eigelb
etwas Zitronenabrieb
1 EL Backkakao

Biskuit
4 Eiweiß
4 EL Wasser
120 g Zucker
4 Eigelb
160 g Mehl

Füllung
250 g Mascarpone
200 g Erdbeerjoghurt

Weiteres
500 g Erdbeeren
100 g weiße Schokolade, geschmolzen

Mürbteig

1. Das Mehl auf die Arbeitsfläche sieben. Butter, Staubzucker und Vanillezucker daraufgeben und alles mit den Handflächen zu kleinen Bröseln verreiben.
2. Eine Mulde in die Mehl-Butter-Mischung drücken. Ei und Zitronenabrieb hineingeben und alles zügig zu einem glatten Teig verkneten.
3. Den Teig in Klarsichtfolie wickeln und im Kühlschrank mindestens 1 Stunde ruhen lassen. Herausnehmen, noch einmal kurz durchkneten und 3 mm dick ausrollen.
4. Aus dem Teig 8 Streifen zu 6,5 x 2 cm (für die Ecken), 4 Streifen zu 22 x 2,5 cm (für die langen Seiten) und 4 Streifen zu 16 x 2,5 cm (für die kurzen Seiten) ausschneiden. Auf ein mit Backpapier ausgelegtes Backblech legen und mit einem spitzen Messer ein Muster für die Holzmaserung einritzen.
5. Im vorgeheizten Backofen bei 180 Grad (Ober-/Unterhitze) 9 Minuten backen, herausnehmen und auskühlen lassen.
6. Den Kakao mit einem Pinsel auf dem Mürbteig auftragen.

Biskuit

7. Eiweiß mit Wasser und Zucker steif schlagen, bis die Masse weiß glänzend ist.
8. Eigelb verquirlen und mit dem Schneebesen unter den Eischnee heben. Das Mehl darübersieben und vorsichtig unterheben.
9. Die Masse auf ein mit Backpapier ausgelegtes Backblech geben, glatt streichen und im vorgeheizten Backofen bei 180 Grad (Ober-/Unterhitze) 12 Minuten backen.
10. Herausnehmen, sofort auf Backpapier stürzen und auskühlen lassen.
11. In 2 rechteckige Platten zu 21 x 15 cm schneiden.

Füllung

12. Mascarpone und Erdbeerjoghurt zu einer glatten Creme verrühren.

Aufbau

13. 100 g Erdbeeren waschen, putzen und in Scheiben schneiden. Die restlichen Erdbeeren waschen und einige halbieren.
14. Eine Biskuitplatte mit der Hälfte der Mascarponecreme bestreichen und mit den in Scheiben geschnittenen Erdbeeren belegen.
15. Die zweite Biskuitplatte darauflegen, die restliche Mascarponecreme darauf verteilen und glatt streichen.
16. Die Mürbteigstreifen mit flüssiger Schokolade an die Tortenränder kleben.

Fertigstellung

17. Die ganzen und halbierten Erdbeeren dekorativ auf der Torte verteilen.

Tipps

- Mürbteig sollte nicht länger als unbedingt nötig geknetet und mit ganz wenig Mehl – besser noch zwischen zwei Lagen Backpapier – ausgerollt werden.
- Die Erdbeeren kann man auch durch verschiedene andere Beeren oder Früchte ersetzen.
- Ich verwende zum Ankleben der Mürbteigstreifen einen Pinsel. Sobald die Schokolade fest geworden ist, hält sie die einzelnen Teile zusammen.

Orangencremetorte
(SEMI NAKED CAKE)

Hohe Springform (Ø 20 cm)
Backtemperatur: 180 °C
Backzeit: etwa 55 Minuten

Boden
4 Eier
180 g Zucker
200 g Öl
200 g Milch
240 g Mehl
40 g Stärkemehl
20 g Backkakao
1 Pkg. Backpulver

Orangencreme
500 g Mascarpone
30 g Staubzucker
3 Orangen
400 g Sahne
4 TL San-apart

Meine Dekoration
Zitronenkugeln (siehe Seite 22)
Kumquat
Orangenschale

Boden

1. Eier und Zucker hellgelb aufschlagen. Öl und Milch zufügen und so lange rühren, bis alles gut vermengt ist.
2. Mehl, Stärkemehl, Backpulver und Kakao vermischen, darübersieben und vorsichtig mit dem Schneebesen unterheben.
3. Die Masse in eine mit Backpapier ausgelegte Springform füllen und im vorgeheizten Backofen bei 180 Grad etwa 55 Minuten backen.
4. Herausnehmen und auf einem Kuchengitter auskühlen lassen.

Orangencreme

5. Mascarpone und Staubzucker gut verrühren. Die Orangen auspressen und den Saft zusammen mit dem Fruchtfleisch unter die Mascarponecreme rühren.
6. Die Sahne anschlagen, San-apart einrieseln lassen, steif schlagen und vorsichtig unter die Mascarponecreme ziehen.

Aufbau

7. Den Tortenboden zweimal waagerecht durchschneiden.
8. Einen Tortenring um einen Boden legen. Mit einem Drittel Mascarponecreme bestreichen, den zweiten Boden daraufsetzen und den Vorgang wiederholen. Die restliche Creme beiseitestellen.
9. Die Torte mindestens 2 Stunden kalt stellen.

Fertigstellung

10. Die Torte mit der restlichen Mascarponecreme dünn einstreichen. Für den Semi-naked-Effekt die überschüssige Creme mit einer Teigkarte abziehen. Mit Zitronenkugeln, Kumquats und Orangenschale verzieren.

Tipps

- San-apart ist ein veganes Geliermittel, mit dessen Hilfe Tortencremes und Desserts sofort schnitt- und verzehrfertig werden.
- Für eine besondere Optik kann man die Torte in einer Herzform backen.
- Man kann auch Orangenfilets unter die Mascarponecreme ziehen.
- Beim Auspressen der Orangen bleibt genug Fruchtfleisch an der Zitruspresse kleben. Wem das zu wenig ist, der kann die Schalen noch auskratzen. Allerdings sollte man auf keinen Fall die weißen Häutchen verwenden, da die Creme sonst bitter schmeckt.

Pan Goccioli

Für 13 Stück

Backtemperatur: 180 °C (Ober-/Unterhitze)
Backzeit: etwa 15 Minuten

Zutaten
500 g Manitoba-Mehl
1 EL Honig
80 g Zucker
5 g Salz
80 g Sonnenblumenöl
2 g Butter-Vanille-Aroma
50 g Wasser
25 g frische Hefe
200 g lauwarme Milch
2 Eigelb

Weiteres
125 g Schokotropfen
1 Eigelb
1 EL Milch
2 EL Zucker
½ Tasse warmes Wasser

Zubereitung

1. Mehl, Honig, Zucker, Salz, Sonnenblumenöl, Butter-Vanille-Aroma und Wasser in die Rührschüssel der Küchenmaschine geben und vermengen.
2. Die Hefe zerbröseln, in der lauwarmen Milch auflösen und zum Mehlgemisch geben.
3. Eigelb zufügen und alles zu einem glatten Teig verkneten.
4. Den Teig zugedeckt an einem warmen Ort gehen lassen, bis sich das Volumen verdoppelt hat. Inzwischen die Schokotropfen einfrieren.
5. Den Teig auf die Arbeitsfläche geben und die gefrorenen Schokotropfen einarbeiten. Zu einer Rolle formen und Teigstücke zu je 80 g abschneiden.
6. Die Teigstücke auf der Arbeitsfläche rund wirken, auf mit Backpapier ausgelegte Backbleche legen und an einem warmen Ort etwa 90 Minuten gehen lassen.
7. Das Eigelb mit der Milch verquirlen und die Pan Goccioli damit bestreichen.
8. Im vorgeheizten Backofen bei 180 Grad (Ober-/Unterhitze) etwa 15 Minuten backen, bis sie goldbraun sind.
9. Den Zucker im warmen Wasser auflösen und die heißen Pan Goccioli damit bestreichen.

Tipps

- Die Schokotropfen können auch durch Rosinen ersetzt werden.
- Statt Butter-Vanille-Aroma kann man auch nur Vanillearoma oder Vanillemark verwenden.
- Am besten schmecken die Pan Goccioli lauwarm.

Erdbeermousse-Torte

Hohe Springform (Ø 20 cm)

Backtemperatur: 180 °C (Ober-/Unterhitze-Symbol)

Backzeit: etwa 40 Minuten

Biskuit

6 Eiweiß
6 EL Wasser
180 g Zucker
6 Eigelb
240 g Mehl

Erdbeermousse

250 g Erdbeeren
180 g Zucker
1 EL Zitronensaft
3 Blatt Gelatine
200 g Sahne

Zum Einstreichen

150 g Sahne
3 EL Erdbeerpüree

Meine Dekoration

Rosenblüten und Lisianthus

Biskuit

1. Eiweiß, Wasser und Zucker in der Küchenmaschine oder mit dem Handrührgerät sehr steif schlagen.
2. Eigelb verquirlen und vorsichtig mit dem Schneebesen unter den Eischnee heben.
3. Das Mehl darübersieben und vorsichtig unterheben.
4. Die Masse in eine mit Backpapier ausgelegte Springform füllen und im vorgeheizten Backofen bei 180 Grad (Ober-/Unterhitze-Symbol) etwa 40 Minuten backen.
5. Herausnehmen und auf einem Kuchengitter auskühlen lassen.

Erdbeermousse

6. Die Erdbeeren pürieren, Zucker und Zitronensaft dazugeben und so lange rühren, bis sich der Zucker aufgelöst hat.
7. Die Gelatine 10 Minuten in kaltem Wasser einweichen. Die Sahne steif schlagen.
8. Die Gelatine gut ausdrücken, in einen Topf geben und unter ständigem Rühren bei schwacher Hitze auflösen. Zum Temperaturausgleich etwas geschlagene Sahne unterrühren, dann alles unter die restliche geschlagene Sahne ziehen.
9. Die Gelatine-Sahne-Mischung vorsichtig unter das Erdbeerpüree heben.

Aufbau

10. Den Tortenboden einmal waagerecht durchschneiden.
11. Einen verstellbaren Tortenring und Tortenrandfolie um einen Boden legen und die Erdbeermousse daraufgeben. Mit dem zweiten Tortenboden abdecken.
12. Die Torte mindestens 4 Stunden in den Kühlschrank stellen.

Fertigstellung

13. Die Sahne steif schlagen und das Erdbeerpüree vorsichtig unterrühren.
14. Den Tortenring und die Tortenrandfolie entfernen und die Torte mit der Erdbeersahne einstreichen.
15. Kurz vor dem Servieren mit Rosenblüten und Lisianthus verzieren.

happy
birthday

KLASSIKER NEU INTERPRETIERT

Südtiroler Apfelstrudel

MEINE INTERPRETATION

Für 9 Stück (Ø 7 cm)

Backtemperatur: 180 °C

Backzeit: etwa 8 Minuten

Mürbteig

300 g Mehl
200 g kalte Butter, in Würfel geschnitten
90 g Staubzucker
2 Eigelb
1 Pkg. Vanillezucker
etwas Zitronenabrieb

Füllung

30 g Butter
3 EL Zucker
3 säuerliche Äpfel, geschält und in kleine Würfel geschnitten
1 TL Zimt
3 EL Zitronensaft
1 EL Rosinen

Weiteres

Staubzucker

Mürbteig

1. Das Mehl auf die Arbeitsfläche sieben, die Butter dazugeben und zwischen den Händen zu Bröseln verreiben.
2. In die Mitte eine Mulde drücken. Staubzucker, Eigelb, Vanillezucker und Zitronenabrieb hineingeben und alles zügig zu einem glatten Teig verkneten.
3. Den Teig in Klarsichtfolie wickeln und im Kühlschrank mindestens 1 Stunde ruhen lassen.
4. Den Teig noch einmal kurz durchkneten, 3 mm dick ausrollen und mit einem Ausstecher 27 Kreise und 9 Ringe (Ø 7 cm) ausstechen.
5. Auf ein mit Backpapier ausgelegtes Backblech legen und im vorgeheizten Backofen bei 180 Grad (▭) 8 Minuten backen.
6. Herausnehmen und auskühlen lassen.

Füllung

7. Butter und Zucker karamellisieren lassen.
8. Die Apfelwürfel und den Zimt dazugeben und bei mittlerer Hitze kurz anbraten.
9. Zitronensaft zufügen und weich dünsten.
10. Die Rosinen zugeben, gut vermischen und die Füllung auskühlen lassen.

Fertigstellung

11. Etwas Apfelfüllung auf die Mürbteigkreise geben und immer 3 Kreise übereinanderschichten. Jeweils mit einem Mürbteigring abschließen.
12. Vor dem Servieren mit Staubzucker bestreuen.

Tipp

- Man kann noch 1 EL Pinoli zur Füllung geben.

Schwarzwälder Kirschtörtchen

Für 8 Stück

Boden
Kastenform
Backtemperatur: 180 °C
Backzeit: etwa 45 Minuten

Mürbteig
Backtemperatur: 180 °C
Backzeit: etwa 10 Minuten

Boden
4 Eier
180 g Zucker
200 g Öl
200 g Milch
260 g Mehl
1 Pkg. Backpulver
40 g Backkakao

Kakaomürbteig
130 g Mehl
20 g Backkakao
45 g Staubzucker
½ Pkg. Vanillezucker
100 g kalte Butter, in Würfel geschnitten
1 Eigelb

Amarenakirschmousse
4 Blatt Gelatine
400 g Sahne
200 g eingelegte Amarenakirschen (mit Sirup)

Weiteres
Kirschkonfitüre
etwas Amarenakirschsirup

Meine Dekoration
8 Mürbteigringe
50 g Sahne, steif geschlagen
8 Amarenakirschen
20 g Schokoladensplitter

Boden

1. Eier und Zucker hellgelb aufschlagen. Öl und Milch zugeben und so lange weiterrühren, bis sich alle Zutaten gut vermengt haben.
2. Mehl, Backpulver und Kakao vermischen, über die Eiermasse sieben und mit dem Schneebesen unterheben.
3. Den Teig in eine mit Backpapier ausgelegte Kastenform füllen und im vorgeheizten Backofen bei 180 Grad (⊟) etwa 45 Minuten backen.
4. Herausnehmen, kurz abkühlen lassen und aus der Form stürzen. Den Kuchen vollständig auskühlen lassen und in der Mitte einmal waagerecht durchschneiden.
5. Mit einem Keksausstecher (Ø 7 cm) 8 Kreise ausstechen.

Kakaomürbteig

6. Mehl und Kakao auf die Arbeitsfläche sieben, Staub- und Vanillezucker dazugeben. Die Butter zufügen und alles zwischen den Händen zu feinen Bröseln zerreiben.
7. In die Mitte eine Mulde drücken und das Eigelb hineingeben. Zügig zu einem glatten Teig verkneten.
8. Den Teig in Klarsichtfolie wickeln und im Kühlschrank mindestens 1 Stunde ruhen lassen.
9. Den Teig herausnehmen, 3 mm dick ausrollen und 8 Kreise und 8 Ringe (Ø 7 cm) ausstechen.
10. Auf ein mit Backpapier ausgelegtes Backblech legen und im vorgeheizten Backofen bei 180 Grad (⊟) etwa 10 Minuten backen.

Amarenakirschmousse

11. Die Gelatine in kaltem Wasser etwa 10 Minuten einweichen. Die Sahne steif schlagen.
12. Die Gelatine gut ausdrücken, in einen Topf geben und unter ständigem Rühren bei schwacher Hitze auflösen. Zum Temperaturausgleich etwas geschlagene Sahne unterrühren, dann alles unter die restliche geschlagene Sahne ziehen.
13. Die Amarenakirschen zusammen mit Sirup pürieren und vorsichtig unter die Sahne heben.

Aufbau

14. Die Mürbteigkreise mit Kirschkonfitüre bestreichen. Einen Rührkuchenkreis darauflegen und mit etwas Amarenakirschsirup tränken.
15. Tortenrandfolie um die Böden legen und die Amarenakirschmousse daraufgeben.
16. Die Törtchen mindestens 3 Stunden im Kühlschrank fest werden lassen.

Fertigstellung

17. Die Randfolie vorsichtig abziehen, die Sahne in einen Spritzbeutel mit Sterntülle füllen und Rosetten auf die Törtchen spritzen.
18. Jedes Törtchen mit einer Amarenakirsche und Schokoladensplittern verzieren. Jeweils einen Mürbteigring dekorativ dazustellen.

Tipps

- Die Rührkuchenreste können zur Herstellung von Cakesicles oder Cake-Pops verwendet werden.
- Die Amarenakirschen kann man sehr gut durch andere eingelegte Kirschen ersetzen.

Vanillekipfeltorte

Hohe Springform (Ø 20 cm)

Silikonform (Ø 18 cm)

Backtemperatur: 180 °C

Backzeit: etwa 55 Minuten

Fruchteinlage
2 Blatt Gelatine
300 g Himbeeren, passiert
30 g Zucker
½ Zitrone, Saft

Boden
4 Eier
180 g Zucker
200 g Öl
200 g Milch
1 Vanilleschote, Mark
240 g Mehl
60 g Stärkemehl
1 Pkg. Backpulver

Vanillekipfel
150 g Mehl
100 g Butter
50 g Zucker
50 g Mandeln, gerieben
1 Pkg. Vanillezucker

Zum Wälzen
3 EL Zucker
2 Pkg. Vanillezucker

Vanillekipfelmousse
75 g weiße Schokolade, gehackt
3 Blatt Gelatine
360 g Sahne
220 g Vanillekipfelbrösel

Weiteres
300 g Sahne
1 Pkg. Vanillezucker

Meine Dekoration
etwas Vanillekipfelmousse
Zuckerperlen

Fruchteinlage

1. Die Gelatine in kaltem Wasser etwa 10 Minuten einweichen.
2. Die passierten Himbeeren mit Zucker und Zitronensaft erhitzen, bis sich der Zucker aufgelöst hat. Kurz aufkochen und vom Herd nehmen.
3. Die Gelatine gut ausdrücken und unter Rühren in der Flüssigkeit auflösen.
4. Die Masse in eine Silikonform oder einen Tortenring (Ø 18 cm) gießen und einfrieren.

Boden

5. Eier und Zucker in der Küchenmaschine oder mit dem Handrührgerät hellgelb aufschlagen. Öl und Milch dazugeben und so lange rühren, bis sich alle Zutaten gut vermengt haben.
6. Die Vanilleschote aufschlitzen und das Mark herauskratzen. Die Vanilleschote für die Dekoration beiseitestellen.
7. Mehl, Stärkemehl und Backpulver vermischen, über die Eiermasse sieben und zusammen mit Vanillemark unterheben.
8. Die Masse in eine mit Backpapier ausgelegte Springform füllen und im vorgeheizten Backofen bei 180 Grad (⊟) etwa 55 Minuten backen.
9. Herausnehmen und auf einem Kuchengitter auskühlen lassen.

Vanillekipfel

10. Mehl, Butter, Zucker, Mandeln und Vanillezucker zu einem glatten Teig verkneten. In Klarsichtfolie wickeln und etwa 1 Stunde im Kühlschrank ruhen lassen.
11. Den Teig dünn ausrollen und das Gebäck für die Dekoration ausstechen. Auf ein mit Backpapier ausgelegtes Backblech geben und im vorgeheizten Backofen bei 180 Grad (⊟) 10–12 Minuten goldgelb backen. Zucker und Vanillezucker vermischen und das Gebäck noch heiß darin wälzen. Auskühlen lassen und beiseitestellen.
12. Den restlichen ausgerollten Teig auf ein mit Backpapier ausgelegtes Backblech legen und im vorgeheizten Backofen bei 180 Grad (⊟) 10–12 Minuten goldgelb backen. Mit dem restlichen Zuckergemisch bestreuen, auskühlen lassen und im Mixer fein zerkleinern.

Vanillekipfelmousse

13. Die Schokolade über dem Wasserbad schmelzen lassen und die Gelatine in kaltem Wasser etwa 10 Minuten einweichen. Die Sahne steif schlagen.
14. Die Gelatine gut ausdrücken, in einen Topf geben und unter ständigem Rühren bei schwacher Hitze auflösen. Zum Temperaturausgleich etwas geschlagene Sahne unterrühren, dann alles unter die restliche geschlagene Sahne ziehen.
15. Die geschmolzene Schokolade und die Vanillekipfelbrösel nacheinander vorsichtig unter die Sahne heben.

Aufbau

16. Den Tortenboden zweimal waagerecht durchschneiden.
17. Einen Tortenring und Tortenrandfolie um einen Boden legen und die gefrorene Fruchteinlage mittig darauflegen.
18. Die Vanillekipfelmousse in einen Spritzbeutel mit Lochtülle füllen und so viel Mousse um die Fruchteinlage spritzen, dass sie bis zum Tortenrand reicht. Den zweiten Boden darauflegen.
19. Die restliche Mousse auf dem Boden verteilen, glatt streichen und den dritten Boden darauflegen.
20. Die Torte mindestens 6 Stunden in den Kühlschrank stellen.

Fertigstellung

21. Die Sahne mit Vanillezucker steif schlagen und die Torte damit einstreichen.
22. Mit Vanillekipfelgebäck, Vanilleschote, etwas Vanillekipfelmousse und Zuckerperlen dekorieren.

Bettinas Kekse

Für etwa 26 Kekse (Ø 3,4 cm)

Backtemperatur: 140 °C (Umluft)
Backzeit: etwa 14 Minuten

Kekse
1 Ei
100 g Staubzucker
75 g Mehl
1 Msp. Backpulver
etwas Gel-Lebensmittelfarbe

Erdbeer-Ganache
100 g weiße Schokolade, gehackt
50 g Erdbeerpüree
30 g kalte Butter, in Würfel geschnitten

Meine Dekoration
Schokolade, geschmolzen
Zuckerperlen

Kekse

1. Das Ei in der Küchenmaschine oder mit dem Handrührgerät schaumig aufschlagen. Den Staubzucker dazugeben und cremig rühren.
2. Mehl mit Backpulver vermischen, sieben und in zwei Portionen mit einem Teigspatel unter die Ei-Zucker-Masse heben. Der Teig sollte glänzen, langsam vom Teigspatel rinnen und sich mit der Masse in der Schüssel glatt verbinden.
3. Etwas Gel-Lebensmittelfarbe unter den Teig rühren.
4. Den Teig in einen Spritzbeutel mit Lochtülle füllen und runde Tuffs auf ein mit Backpapier ausgelegtes Backblech aufspritzen. Dabei den Spritzbeutel so senkrecht wie möglich halten und die Tuffspitze im Tuff versenken, damit eine glatte Oberfläche entsteht.
5. Die Kekse bei Zimmertemperatur 30 Minuten antrocknen lassen und dann im vorgeheizten Backofen bei 140 Grad (Umluft) etwa 14 Minuten backen.
6. Herausnehmen, auf dem Backblech auskühlen lassen und vorsichtig vom Backpapier ablösen.

Erdbeer-Ganache

7. Die Schokolade über dem Wasserbad schmelzen lassen.
8. Das Erdbeerpüree kurz aufkochen, zur Schokolade geben und die Butter zufügen. Alles mit dem Pürierstab pürieren.
9. Die Ganache im Kühlschrank fest werden lassen.

Fertigstellung

10. Die Ganache in einen Spritzbeutel mit kleiner Sterntülle füllen und auf die Kekse spritzen. Je zwei Kekse zusammensetzen und mit geschmolzener Schokolade und Zuckerperlen verzieren.

Tipps

- Die Kekse schmecken am besten am nächsten Tag, da sie dann gut durchgezogen sind.
- Damit die Kekse alle gleich groß werden, zeichne ich Kreise auf die Unterseite des Backpapiers.
- Die Kekse sollten luftdicht im Kühlschrank aufbewahrt werden. Sie halten sich dort bis zu 5 Tage.

Früchtespitzbuabm

Für 6 Stück (Ø 9 cm)

Backtemperatur: 180 °C
Backzeit: etwa 7 Minuten

Mürbteig
150 g Mehl
45 g Staubzucker
½ Pkg. Vanillezucker
etwas Zitronenabrieb
100 g kalte Butter, in Würfel geschnitten
1 Eigelb

Weiteres
Rote-Johannisbeer-Konfitüre
20 g Schokolade, geschmolzen
Gelatinespray
Beeren (Rote Johannisbeeren, Erdbeeren, Himbeeren)

Mürbteig

1. Das Mehl auf die Arbeitsfläche sieben, Staubzucker, Vanillezucker, Zitronenabrieb und Butterwürfel dazugeben und alles mit den Händen zu feinen Bröseln verreiben.
2. In die Mitte eine Mulde drücken, das Eigelb hineingeben und alles zügig zu einem glatten Teig verkneten. In Klarsichtfolie wickeln und mindestens 1 Stunde im Kühlschrank ruhen lassen.
3. Den Mürbteig noch einmal kurz durchkneten, 3 mm dick ausrollen und mit einem Ausstecher 6 Kreise und 6 Ringe (Ø 9 cm) ausstechen.
4. Auf ein mit Backpapier ausgelegtes Backblech legen und im vorgeheizten Backofen bei 180 Grad (▭) 7 Minuten backen.
5. Aus dem Backofen nehmen und auskühlen lassen.

Fertigstellung

6. Die Kekskreise mit Johannisbeerkonfitüre bestreichen und auf jeden Kreis einen Mürbteigring legen.
7. Die geschmolzene Schokolade in einen kleinen Spritzbeutel füllen und die Spitzbuabm damit verzieren.
8. Die restliche Johannisbeerkonfitüre erwärmen und in das Loch der Spitzbuabm füllen. Auskühlen lassen und mit Beeren belegen. Halbierte Erdbeeren mit Gelatinespray besprühen.

Tipps

- Man kann die Schokolade zum Verzieren der Spitzbuabm auch mit einer Gabel auftragen.
- Die Früchtespitzbuabm schmecken am besten, wenn man sie nach dem Füllen gleich verzehrt.
- Die Mürbteigkekse lassen sich gut vorbereiten. Sie können luftdicht verschlossen in einer Keksdose längere Zeit aufbewahrt werden.

Karottentörtchen

Für 8 Stück (Ø 7cm)

Kastenform

Backtemperatur: 180 °C

Backzeit: etwa 50 Minuten

Karottenkuchen
4 Eier
180 g Zucker
200 g Öl
1 Prise Salz
300 g Karotten, geraspelt
200 g Haselnüsse, fein gerieben
300 g Mehl
1 Pkg. Backpulver

Joghurtmousse
3 Blatt Gelatine
250 g Sahne
300 g Naturjoghurt
50 g Staubzucker
½ Zitrone, Saft und Abrieb

Meine Dekoration
Karottenringe
Stiefmütterchen

Karottenkuchen

1. Eier und Zucker in der Küchenmaschine oder mit dem Handrührgerät hellgelb aufschlagen.
2. Das Öl langsam einrühren. Salz zufügen und so lange rühren, bis sich alle Zutaten gut vermischt haben.
3. Die Karotten und Haselnüsse mit einem Schneebesen unterheben.
4. Mehl und Backpulver vermischen, darübersieben und unterheben.
5. Den Teig in eine mit Backpapier ausgelegte Kastenform füllen und im vorgeheizten Backofen bei 180 Grad (▭) etwa 50 Minuten backen.
6. Herausnehmen und auskühlen lassen. Den Kuchen einmal waagerecht halbieren und mit einem Ausstecher 8 Kreise (Ø 7 cm) ausstechen.

Joghurtmousse

7. Die Gelatine in kaltem Wasser 10 Minuten einweichen. Die Sahne steif schlagen.
8. Die Gelatine gut ausdrücken, in einen Topf geben und unter ständigem Rühren bei schwacher Hitze auflösen. Zum Temperaturausgleich etwas geschlagene Sahne unterrühren, dann alles unter die restliche geschlagene Sahne ziehen.
9. Naturjoghurt, Staubzucker, Zitronensaft und -abrieb verrühren.
10. Die Sahne vorsichtig unter die Joghurtmasse heben.

Aufbau

11. Die Karottenkuchenkreise mit Tortenrandfolie umwickeln und die Joghurtmousse darauf verteilen.
12. Mindestens 3 Stunden im Kühlschrank fest werden lassen.

Fertigstellung

13. Die Tortenrandfolie vorsichtig entfernen und die Törtchen mit Karottenringen und Stiefmütterchen verzieren.

Tipps

- Die Kuchenreste können für Cakesicles oder Cake-Pops verwendet werden.
- Wer keine Törtchen, sondern eine Torte backen möchte, verwendet einfach eine Springform (Ø 24 cm) oder eine rechteckige Form.

Zitronen-Joghurt-Mousse-Torte

Hohe Springform (Ø 20 cm)
Backtemperatur: 180 °C
Backzeit: etwa 55 Minuten

Boden
4 Eier
170 g Zucker
200 g Öl
100 g Zitronensaft
100 g Wasser
240 g Mehl
60 g Stärkemehl
1 Pkg. Backpulver

Lemon Curd
75 g Zitronensaft
1 EL Zitronenabrieb
60 g Zucker
1 Pkg. Vanillezucker
50 g Butter
50 g Sahne
10 g Maisstärke

Zitronen-Joghurt-Mousse
3 Blatt Gelatine
250 g Sahne
300 g Naturjoghurt
50 g Staubzucker
½ Zitrone, Saft
1 TL Zitronenabrieb

Zum Einstreichen
300 g Sahne

Meine Dekoration
Gerbera und Lisianthus
Zitronenkugeln (siehe Seite 22)
1 Zitronenscheibe
etwas Zitronenschale
Zuckerperlen

Boden

1. Eier und Zucker in der Küchenmaschine oder mit dem Handrührgerät hellgelb aufschlagen.
2. Öl, Zitronensaft und Wasser nach und nach dazugeben und so lange rühren, bis sich alle Zutaten gut vermengt haben.
3. Mehl, Stärkemehl und Backpulver vermischen und darübersieben. Mit dem Schneebesen unterheben.
4. Die Masse in eine mit Backpapier ausgelegte Springform füllen und im vorgeheizten Backofen bei 180 Grad (□) etwa 55 Minuten backen.
5. Herausnehmen und auf einem Kuchengitter auskühlen lassen.

Lemon Curd

6. Zitronensaft mit Zitronenabrieb, Zucker und Vanillezucker aufkochen und 3 Minuten köcheln lassen.
7. Butter und Sahne dazugeben. So lange rühren, bis die Zutaten gut vermengt sind.
8. 2–3 EL abnehmen und die Maisstärke darin glatt rühren. Mit dem Schneebesen unter die Zitronensaft-Zucker-Mischung rühren. Die Masse unter Rühren noch einmal aufkochen lassen, bis eine cremige, dickliche Masse entstanden ist.
9. Die Zitronencreme in ein sauberes, heiß ausgespültes Glas füllen, verschließen und auskühlen lassen.

Zitronen-Joghurt-Mousse

10. Die Gelatine in kaltem Wasser 10 Minuten einweichen. Die Sahne steif schlagen.
11. Die Gelatine gut ausdrücken, in einen Topf geben und unter ständigem Rühren bei schwacher Hitze auflösen. Zum Temperaturausgleich etwas geschlagene Sahne unterrühren, dann alles unter die restliche geschlagene Sahne ziehen.
12. Naturjoghurt, Staubzucker, Zitronensaft und -abrieb verrühren.
13. Die Sahne vorsichtig unter die Joghurtmasse heben.

Aufbau

14. Den Tortenboden zweimal waagerecht durchschneiden.
15. Um einen Boden einen verstellbaren Tortenring und Tortenrandfolie legen und den Tortenboden mit der Hälfte des Lemon Curds bestreichen.
    Die Hälfte der Zitronen-Joghurt-Mousse daraufgeben und mit dem zweiten Tortenboden abdecken.
16. Den Vorgang wiederholen und die Torte mindestens 6 Stunden im Kühlschrank fest werden lassen.

Fertigstellung

17. Die Sahne steif schlagen und die Torte damit einstreichen. Mit Blüten, Zitronenkugeln, einer Zitronenscheibe, Zuckerperlen und Zitronenschale verzieren.

Tipps

- Weil Lemon Curd so schön frisch schmeckt, verwende ich ihn auch gerne zum Füllen von Spitzbuabm.
- Gut verschlossen hält sich Lemon Curd im Kühlschrank bis zu 2 Wochen.

SCHNELLE KUCHEN FÜR ALLE TAGE

Mascarponekuchen

Gugelhupfform

Backtemperatur: 180 °C (Ober-/Unterhitze)
Backzeit: etwa 45 Minuten

Zutaten
3 Eier
180 g Zucker
250 g Mascarpone
80 g Öl
100 g Milch
230 g Mehl
1 Pkg. Backpulver
50 g Stärkemehl
20 g Backkakao
125 g Schokotropfen

Weiteres
Dekorschnee oder Staubzucker

Zubereitung

1. Eier mit Zucker in der Küchenmaschine oder mit dem Handrührgerät schaumig schlagen.
2. Den Mascarpone löffelweise dazugeben und so lange rühren, bis sich die Zutaten gut vermengt haben. Öl und Milch nach und nach unterrühren.
3. Mehl, Backpulver, Stärkemehl und Kakao vermischen und darübersieben. Mit dem Schneebesen unter die Eier-Mascarpone-Masse heben und Schokotropfen unterrühren.
4. Den Teig in eine gut eingefettete Form geben und im vorgeheizten Backofen bei 180 Grad (Ober-/Unterhitze) etwa 45 Minuten backen.
5. Herausnehmen, vollständig auskühlen lassen und aus der Form stürzen.
6. Vor dem Servieren mit Dekorschnee bestreuen.

Tipp

- Der Mascarponekuchen kann auch in einer Kranz- oder Kastenform gebacken werden. Die Backzeit ändert sich dabei nicht.

Zucchinikuchen

Gugelhupfform

Backtemperatur: 180 °C (Ober-/Unterhitze-Symbol)

Backzeit: etwa 50 Minuten

Zutaten

100 g weiche Butter
180 g Zucker
1 Pkg. Vanillezucker
3 Eier
130 g Haselnüsse, gerieben
100 g Naturjoghurt
220 g Mehl
1 Pkg. Backpulver
1 TL Zimt
250 g Zucchini, geraspelt

Glasur

100 g Vollmilchschokolade, gehackt

Zubereitung

1. Butter mit Zucker und Vanillezucker in der Küchenmaschine oder mit dem Handrührgerät cremig aufschlagen.
2. Die Eier einzeln dazugeben und so lange rühren, bis die Masse hellgelb ist.
3. Haselnüsse und Naturjoghurt nacheinander unterheben. Mehl und Backpulver vermischen, darübersieben und zusammen mit Zimt unter die Masse ziehen.
4. Die Zucchini unterheben und den Teig in eine gut eingefettete Form füllen.
5. Im vorgeheizten Backofen bei 180 Grad (Ober-/Unterhitze-Symbol) etwa 50 Minuten backen.
6. Herausnehmen, vollständig auskühlen lassen und aus der Form stürzen.
7. Die Schokolade über dem Wasserbad schmelzen lassen und den Kuchen damit übergießen.

Tipps

- Der Zucchinikuchen schmeckt auch sehr gut mit einer Haselnussglasur.
- Für Zucchinischnitten gibt man den Teig auf ein mit Backpapier ausgelegtes Backblech und bäckt ihn im vorgeheizten Backofen bei 180 Grad (Ober-/Unterhitze-Symbol) etwa 30 Minuten.

Zitronen-Joghurt-Kuchen

Kastenform

Backtemperatur: 180 °C ▭
Backzeit: etwa 35 Minuten

Zutaten
3 Eier
100 g Zucker
110 g Öl
110 g Joghurt
70 g Zitronensaft
260 g Mehl
1 Pkg. Backpulver
1 Prise Salz

Glasur
150 g Staubzucker
2½ EL Zitronensaft

Meine Dekoration
Zitronenscheiben
Zitronenkugeln (siehe Seite 22)
Zuckerperlen
Stiefmütterchen

Zubereitung

1. Eier und Zucker in der Küchenmaschine oder mit dem Handrührgerät schaumig schlagen.
2. Öl und Joghurt nach und nach unterrühren. Zitronensaft und Salz zufügen und verrühren.
3. Mehl und Backpulver vermischen, darübersieben und mit dem Schneebesen unterheben.
4. Den Teig in eine eingefettete Form füllen und im vorgeheizten Backofen bei 180 Grad (▭) etwa 35 Minuten backen.
5. Den Kuchen aus dem Backofen nehmen, vollständig auskühlen lassen und aus der Form stürzen.

Glasur

6. Den Staubzucker in eine Schüssel sieben und mit dem Zitronensaft gut verrühren.
7. Den Kuchen mit der Glasur überziehen und mit Zitronenscheiben und -kugeln, Zuckerperlen sowie Stiefmütterchen verzieren.

Tipps

- Ich backe den Zitronen-Joghurt-Kuchen gerne in einer Kranzform.
- Sollte die Glasur zu fest sein, einfach noch etwas Zitronensaft unterrühren.
- Man kann den Kuchen auch nur mit Staubzucker oder Dekorschnee bestreuen.

Himbeer-Cupcakes

Für 12 Stück

Muffinblech

Backtemperatur: 160 °C ▭
Backzeit: etwa 35 Minuten

Cupcakes
2 Eier
90 g Zucker
100 g Öl
100 g Milch
120 g Mehl
½ Pkg. Backpulver
30 g Stärkemehl

Himbeercreme
250 g Mascarpone
250 g Quark
200 g Himbeermark
100 g Staubzucker
4 TL San-apart

Meine Dekoration
frische Himbeeren
Dekorschnee

Cupcakes

1. Eier und Zucker in der Küchenmaschine oder mit dem Handrührgerät schaumig schlagen.
2. Öl und Milch nach und nach dazugeben und so lange weiterrühren, bis sich alle Zutaten gut vermengt haben.
3. Mehl, Backpulver und Stärkemehl vermischen, über die Eiermasse sieben und mit dem Schneebesen unterheben.
4. Ein Muffinblech mit Papierförmchen auslegen. Den Teig gleichmäßig auf die Förmchen verteilen und im vorgeheizten Backofen bei 160 Grad (▭) etwa 35 Minuten backen.
5. Aus dem Backofen nehmen und vollständig auskühlen lassen.

Himbeercreme

6. Mascarpone und Quark gut verrühren.
7. Himbeermark, Staubzucker und San-apart zufügen und gut unterrühren.

Fertigstellung

8. Die Himbeercreme in einen Spritzbeutel mit Sterntülle füllen und großzügig auf die Cupcakes spritzen.
9. Die Himbeeren zum Teil in Dekorschnee tauchen und die Cupcakes damit verzieren.

Tipps

- San-apart ist ein veganes Geliermittel, mit dessen Hilfe Tortencremes und Desserts sofort schnitt- und verzehrfertig werden.
- Zum Verzieren eignen sich auch kleine Zuckerperlen.
- Falls die Himbeercreme nicht fest genug ist, stellt man sie vor dem Aufspritzen einfach kurz in den Kühlschrank.
- Himbeermark kann man ganz leicht selber machen. Einfach frische oder tiefgekühlte Himbeeren aufkochen, pürieren und durch ein feines Sieb streichen. Für 200 g Himbeermark verwende ich 300 g Himbeeren.
- Sie können die Himbeercreme auch als Dessert servieren.

Buttermilch-Marillen-Schnitten

Rechteckige Springform (24 x 42 cm)

Backtemperatur: 180 °C (Ober-/Unterhitze)
Backzeit: etwa 25 Minuten

Zutaten
200 g Butter
180 g Zucker
1 Pkg. Vanillezucker
6 Eier
200 g Buttermilch
350 g Mehl
1 Pkg. Backpulver

Weiteres
800 g Marillen, entsteint und halbiert
Staubzucker

Zubereitung

1. Butter, Zucker und Vanillezucker in der Küchenmaschine oder mit dem Handrührgerät hellgelb aufschlagen.
2. Die Eier einzeln nach und nach unterrühren. Die Buttermilch dazugeben und ebenfalls unterrühren.
3. Mehl mit Backpulver vermischen, über die Butter-Eier-Masse sieben und mit dem Schneebesen unterheben.
4. Den Teig auf einem mit Backpapier ausgelegten Backblech verteilen. Die Marillen darauflegen und in den Teig drücken.
5. Im vorgeheizten Backofen bei 180 Grad (Ober-/Unterhitze) etwa 25 Minuten backen.
6. Den Kuchen vollständig auskühlen lassen, portionieren und mit Staubzucker bestreuen.

Tipps

- Statt Buttermilch verwende ich oft Naturjoghurt.
- Wenn man die Marillen nur auf den Teig legt, dann versinken sie beim Backen nicht darin.
- Die Marillen kann man auch durch Zwetschgen oder Äpfel ersetzen.
- Man kann zum Backen auch ein normales Backblech verwenden. Allerdings werden die Schnitten dann etwas niedriger und die Backzeit verkürzt sich um etwa 5 Minuten.

Erdbeerschnitten

Rechteckige Springform (27 x 18 cm)

Backtemperatur: 180 °C (Ober-/Unterhitze)
Backzeit: etwa 20 Minuten

Teig
4 Eier
90 g Zucker
1 Prise Salz
70 g Mehl
30 g Stärkemehl
70 g Butter, geschmolzen

Erdbeercreme
400 g Mascarpone
100 g Quark
50 g Staubzucker
1 Zitrone, Saft
250 g Erdbeeren, in Würfel geschnitten

Weiteres
Dekorschnee oder Staubzucker

Zubereitung

1. Eier und Zucker in der Küchenmaschine oder mit dem Handrührgerät hellgelb aufschlagen. Salz zufügen.
2. Mehl mit Stärkemehl vermischen, über die Eier-Zucker-Masse sieben und mit dem Schneebesen unterheben.
3. Die flüssige Butter im dünnen Strahl einfließen lassen und gut unterrühren.
4. Den Teig in eine mit Backpapier ausgelegte Form füllen und im vorgeheizten Backofen bei 180 Grad (Ober-/Unterhitze) etwa 20 Minuten backen.
5. Herausnehmen, auf einem Kuchengitter auskühlen lassen und aus der Form stürzen.

Erdbeercreme

6. Mascarpone und Quark verrühren. Staubzucker und Zitronensaft zufügen und alles glatt rühren.
7. Die Erdbeeren unter die Mascarpone-Quark-Creme heben.

Fertigstellung

8. Den Kuchen waagerecht durchschneiden.
9. Die untere Hälfte in die Form legen und gleichmäßig mit Erdbeercreme bestreichen. Mit der anderen Hälfte bedecken.
10. Den Kuchen mindestens 2 Stunden in den Kühlschrank stellen.
11. Herausnehmen, portionieren und mit Dekorschnee bestreuen.

Schokoladenschnitten

Rechteckige Springform (24 x 42 cm)

Backtemperatur: 180 °C

Backzeit: etwa 25 Minuten

Teig

8 Eier
180 g Zucker
250 g Butter
500 g Zartbitterschokolade, gehackt
100 g Mehl
1 Pkg. Backpulver

Weiteres

Marillenkonfitüre

Schokoglasur

200 g Sahne
350 g Zartbitterschokolade, gehackt

Meine Dekoration

flüssige Lebensmittelfarbe (Kupfer)

Zubereitung

1. Eier und Zucker in der Küchenmaschine oder mit dem Handrührgerät hellgelb aufschlagen.
2. Butter und Schokolade über dem Wasserbad schmelzen, etwas abkühlen lassen und nach und nach unter die Eier-Zucker-Masse rühren.
3. Mehl und Backpulver vermischen, über die Eier-Schokoladen-Masse sieben und mit dem Schneebesen unterheben.
4. Den Teig in eine mit Backpapier ausgelegte Form füllen und im vorgeheizten Backofen bei 180 Grad (▭) etwa 25 Minuten backen.
5. Herausnehmen, dünn mit Marillenkonfitüre bestreichen und auskühlen lassen.

Schokoglasur

6. Die Sahne erhitzen und über die gehackte Schokolade gießen. Kurz stehen lassen und gut durchrühren.

Fertigstellung

7. Die Schokoglasur über den Kuchen gießen. Glatt streichen und trocknen lassen.
8. Den Kuchen portionieren und mit Lebensmittelfarbe verzieren.

Tipp

- Wenn Sie ein normal großes Backblech verwenden, werden die Schokoladenschnitten etwas niedriger und die Backzeit verkürzt sich um etwa 5 Minuten.

KINDERGEBURTSTAG

Zug-Torte

Kastenform

Backtemperatur: 180 °C (Ober-/Unterhitze)
Backzeit: etwa 45 Minuten

Teig
4 Eier
180 g Zucker
200 g Öl
200 g Milch
260 g Mehl
1 Pkg. Backpulver
40 g Backkakao

Ganache
40 g Sahne
75 g Zartbitterschokolade, gehackt

Glasur
50 g Sahne
70 g Zartbitterschokolade, gehackt

Meine Dekoration
20 runde Kekse
Waffelröllchen mit Schokolade
Knusperkugeln
Schokolinsen
Gummiherzen

Zubereitung

1. Eier und Zucker in der Küchenmaschine oder mit dem Handrührgerät hellgelb aufschlagen. Öl und Milch zugeben und so lange weiterrühren, bis sich alle Zutaten gut vermengt haben.
2. Mehl, Backpulver und Kakao vermischen, über die Eiermasse sieben und mit dem Schneebesen unterheben.
3. Den Teig in eine eingefettete Form füllen und im vorgeheizten Backofen bei 180 Grad (Ober-/Unterhitze) etwa 45 Minuten backen.
4. Herausnehmen, vollständig auskühlen lassen und aus der Form stürzen.

Ganache

5. Die Sahne erhitzen und über die Zartbitterschokolade gießen. Kurz stehen lassen und mit einem Löffel so lange rühren, bis eine cremige Masse entstanden ist.

Aufbau

6. Aus dem Kastenkuchen eine Lokomotive und 4 gleich große Waggons (etwa 5 x 6 cm) schneiden.
7. Die einzelnen Teile glatt mit Ganache bestreichen und im Kühlschrank fest werden lassen.

Glasur

8. Die Sahne aufkochen und über die Zartbitterschokolade gießen. Einige Minuten stehen lassen und gut verrühren.

Fertigstellung

9. Die einzelnen Teile des Zuges mit der Glasur überziehen. Die Schokokekse als Räder an die Zugteile drücken und die Waggons und die Lokomotive mit Waffelröllchen, Knusperkugeln, Schokolinsen und Gummiherzen verzieren. Fest werden lassen.

Tipp

- Die Ganache kann durch Marillenkonfitüre ersetzt werden.

Candy Cake
SÜSSIGKEITEN-TORTE

Hohe Springform (Ø 20 cm)
Backtemperatur: 180 °C ▭
Backzeit: etwa 55 Minuten

Boden
4 Eier
180 g Zucker
200 g Öl
200 g Milch
240 g Mehl
40 g Stärkemehl
1 Pkg. Backpulver
20 g Backkakao

Mascarponecreme
400 g Mascarpone
150 g Nuss-Nougat-Creme
400 g Sahne
2 TL San-apart

Zum Einstreichen
150 g Sahne
50 g Nuss-Nougat-Creme

Drip
100 g Zartbitterschokolade
75 g Butter

Meine Dekoration
Donuts
Kekse und Süßigkeiten mit Schokolade
Goldstaub

Boden

1. Eier und Zucker hellgelb aufschlagen. Öl und Milch langsam zugeben und so lange rühren, bis sich die Zutaten gut vermengt haben.
2. Mehl, Stärkemehl, Backpulver und Kakao vermischen, über die Eier-Zucker-Mischung sieben und mit dem Schneebesen unterheben.
3. Den Teig in eine mit Backpapier ausgelegte Springform füllen und im vorgeheizten Backofen bei 180 Grad (▭) etwa 55 Minuten backen.
4. Herausnehmen und auf einem Kuchengitter vollständig auskühlen lassen.

Mascarponecreme

5. Mascarpone und Nuss-Nougat-Creme in der Küchenmaschine oder mit dem Handrührgerät gut verrühren.
6. Die Sahne anschlagen, San-apart dazugeben und steif schlagen. Vorsichtig unter die Mascarpone-Nuss-Nougat-Creme heben.

Aufbau

7. Den Tortenboden zweimal waagerecht durchschneiden. Die Hälfte der Mascarponecreme auf einem Boden verteilen und mit einem weiteren Boden abdecken. Den Vorgang wiederholen.
8. Die Torte mindestens 3 Stunden in den Kühlschrank stellen.
9. Die Sahne steif schlagen und die Nuss-Nougat-Creme vorsichtig unterheben.
10. Die Torte damit einstreichen und mindestens 2 Stunden im Kühlschrank fest werden lassen.

Drip

11. Zartbitterschokolade und Butter über dem Wasserbad schmelzen und gut verrühren.
12. Kurz abkühlen lassen (die Schokolade sollte noch dünnflüssig sein) und in einen kleinen Spritzbeutel füllen.
13. Den Drip am Tortenrand entlang aufspritzen, dabei die Torte drehen.
14. Die restliche geschmolzene Schokolade auf die Oberfläche der Torte gießen, eventuell glatt streichen.

Fertigstellung

15. Die Torte mit Donuts, Keksen, Süßigkeiten und Goldstaub verzieren und fest werden lassen.

Tipps

- San-apart ist ein veganes Geliermittel, mit dessen Hilfe Tortencremes und Desserts sofort schnitt- und verzehrfertig werden.
- Damit der Drip gelingt, muss die Torte gut gekühlt sein. Der Drip darf nicht bis auf die Tortenplatte herunterlaufen, und er sollte immer nur am Tortenrand angebracht werden.
- Je mehr Drip man aufbringt, desto länger und dicker werden die Tropfen, die am Tortenrand entlanglaufen.
- Man kann den Drip auch mit einem Löffel oder einer Spritzflasche auftragen.
- Die Verzierungen sollten immer sofort angebracht werden, denn wenn der Drip angetrocknet ist, muss man sie mit geschmolzener Schokolade befestigen.

Schmetterlingstorte

2 hohe Springformen (Ø 20 cm)
Backtemperatur: 180 °C
Backzeit: etwa 40 Minuten

Boden
4 Eier
180 g Zucker
200 g Öl
200 g Milch
240 g Mehl
60 g Stärkemehl
1 Pkg. Backpulver

Joghurtcreme
5 Blatt Gelatine
400 g Sahne
4 TL San-apart
500 g Erdbeerjoghurt

Weiteres
150 g Erdbeeren, in Würfel geschnitten
3 Erdbeer-Joghurt-Schokoriegel

Frosting
200 g Butter
500 g Quark
100 g Sahne
50 g Staubzucker

Swiss-Meringue-Buttercreme
2 Eiweiß
100 g Zucker
1 Prise Salz
1 TL Zitronensaft
150 g weiche Butter
Gel-Lebensmittelfarben

Meine Dekoration
Schmetterlinge aus Fondant

Boden

1. Eier und Zucker in der Küchenmaschine oder mit dem Handrührgerät hellgelb aufschlagen. Öl und Milch nach und nach dazugeben und so lange rühren, bis sich alle Zutaten gut vermengt haben.
2. Mehl, Stärkemehl und Backpulver vermischen, über die Eier-Zucker-Masse sieben und mit dem Schneebesen unterheben.
3. Den Teig gleichmäßig auf zwei mit Backpapier ausgelegte Springformen verteilen und im vorgeheizten Backofen bei 180 Grad (▭) etwa 40 Minuten backen.
4. Herausnehmen und auf einem Kuchengitter auskühlen lassen.

Joghurtcreme

5. Die Gelatine in kaltem Wasser 10 Minuten einweichen.
6. Die Sahne anschlagen, San-apart dazugeben und steif schlagen.
7. Die Gelatine gut ausdrücken, in einen Topf geben und unter ständigem Rühren bei schwacher Hitze auflösen. Zum Temperaturausgleich etwas geschlagene Sahne unterrühren, dann alles unter die restliche geschlagene Sahne ziehen.
8. Den Erdbeerjoghurt vorsichtig unter die Sahne heben.

Aufbau

9. Die Tortenböden jeweils einmal waagerecht durchschneiden.
10. Einen verstellbaren Tortenring und Tortenrandfolie um einen Tortenboden legen.
11. Ein Drittel der Joghurtcreme und 50 g Erdbeeren darauf verteilen. Einen Erdbeer-Joghurt-Schokoriegel zerkleinern und über die Creme streuen. Mit einem weiteren Tortenboden abdecken. Den Vorgang noch zweimal wiederholen.
12. Die Torte mindestens 6 Stunden in den Kühlschrank stellen.

Frosting

13. Die Butter in der Küchenmaschine oder mit dem Handrührgerät cremig rühren.
14. Den Quark löffelweise dazugeben und so lange rühren, bis eine homogene Masse entsteht.
15. Die Sahne nach und nach zufügen und glatt rühren.
16. Den Staubzucker zugeben und glatt rühren.

Swiss-Meringue-Buttercreme

17. Eiweiß, Zucker, Salz und Zitronensaft über dem Wasserbad unter ständigem Rühren auf 30 Grad erwärmen.
18. Alles in die Rührschüssel der Küchenmaschine geben und so lange schlagen, bis sich Spitzen bilden.
19. Die Butter unter ständigem Rühren portionsweise zufügen und alles zu einer glatten Buttercreme verrühren.

Fertigstellung

20. Die Torte mit dem Frosting einstreichen.
21. Die Buttercreme mit Gel-Lebensmittelfarbe einfärben, in einen Spritzbeutel füllen und Rosetten auf die Torte spritzen.
22. Die Torte mit Schmetterlingen aus Fondant verzieren.

Tipps

- San-apart ist ein veganes Geliermittel, mit dessen Hilfe Tortencremes und Desserts sofort schnitt- und verzehrfertig werden.
- Diese hohe Torte ist für Backanfänger vielleicht etwas schwierig. Man kann den Teig aber auch in einer 24-cm-Springform backen. Die Backzeit verlängert sich dann um etwa 10 Minuten. Schneiden Sie den Tortenboden zweimal waagerecht durch und füllen ihn mit der Joghurtcreme. Anschließend mit Frosting einstreichen und mit Buttercreme verzieren. Die Mengenangaben für den Teig, die Joghurtcreme, das Frosting und die Buttercreme bleiben gleich.
- Dieses Frosting ist nicht fondanttauglich, das heißt, die Schmetterlinge dürfen nur auf den Rosetten aus Buttercreme angebracht werden.

3D-Teddybär-Torte

2 Halbkugelformen (Ø 14 cm und 10 cm) und 1 hohe Springform (Ø 20 cm)

Backtemperatur: 180 °C
Backzeit: kleine Halbkugel etwa 40 Minuten, große Halbkugel etwa 60 Minuten, Springform etwa 40 Minuten

Teig
6 Eier
270 g Zucker
300 g Öl
300 g Milch
520 g Mehl
1 Pkg. Backpulver
70 g Backkakao

Füllung
250 g Mascarpone
50 g Nuss-Nougat-Creme

Ganache
150 g Sahne
300 g Zartbitterschokolade, gehackt

Swiss-Meringue-Buttercreme
6 Eiweiß
300 g Zucker
1 Prise Salz
1 TL Zitronensaft
400 g weiche Butter, in Würfel geschnitten
100 g Zartbitterschokolade, gehackt

Weiteres
4 EL Mascarpone
3 Plastikröhrchen für Torten oder feste Strohhalme
Fondant
Gel-Lebensmittelfarbe
Lebensmittelkleber

Teig

1. Die Eier in der Küchenmaschine oder mit dem Handrührgerät schaumig aufschlagen. Den Zucker einrieseln lassen und so lange rühren, bis die Masse hellgelb ist.
2. Öl und Milch nach und nach unterrühren.
3. Mehl mit Backpulver und Kakao vermischen, über die Masse sieben und gut mit dem Schneebesen unterrühren.
4. Einen Teil des Teigs in die eingefetteten Halbkugelformen füllen und im vorgeheizten Backofen bei 180 Grad (⊟) – die kleine Halbkugelform etwa 40 Minuten und die große etwa 1 Stunde – backen.
5. Aus dem Backofen nehmen, etwas abkühlen lassen und aus den Formen stürzen.
6. Den restlichen Teig in die Halbkugelformen und die Springform füllen und im vorgeheizten Backofen bei 180 Grad (⊟) – die kleine Halbkugelform und die Springform etwa 40 Minuten, die große etwa 1 Stunde – backen.
7. Herausnehmen, etwas abkühlen lassen und aus den Formen stürzen.
8. Vor der Weiterverarbeitung richtig auskühlen lassen.

Füllung

9. Mascarpone und Nuss-Nougat-Creme in der Küchenmaschine verrühren.

Aufbau Körper (Teil 1)

10. Aus dem Tortenboden einen Kreis (Ø 14 cm) ausschneiden, der als Mittelstück für den Bauch verwendet wird.
11. Die gewölbte Seite einer großen Halbkugel mit einem Brotmesser begradigen, sodass sie stabil steht. Auf einen Tortenteller stellen und mit etwas Mascarponefüllung bestreichen.
12. Den Kreis darauflegen und ebenfalls mit etwas Mascarponefüllung bestreichen.
13. Die zweite große Halbkugel mit der Wölbung nach oben darauflegen, begradigen und mit etwas Füllung bestreichen.
14. Damit der Teddy stabil bleibt, ein längeres Plastikröhrchen für den Kopf in die Mitte stecken und zwei kürzere seitlich daneben.
15. Die erste kleine Halbkugel auf der Wölbungsseite begradigen und mit der Wölbung nach unten auf den Teddykörper legen. Mit der restlichen Füllung bestreichen und die zweite kleine Halbkugel mit der Wölbung nach oben daraufsetzen. Den Bauch an der Vorderseite etwas begradigen.
16. Damit am unteren Teil des Kopfes die Bärenschnauze entsteht, das vordere obere Viertel des Kopfes begradigen.
17. Falls etwas von der Füllung ausgetreten ist, diese glatt verstreichen und die Torte in den Kühlschrank stellen.

Gliedmaßen, Schwänzchen und Ohren

18. Die Kuchenreste fein zerbröseln und mit Mascarpone vermengen. Gut verkneten, zu einer festen Kugel formen und etwa 1 Stunde in den Kühlschrank stellen.

Ganache

19. Die Sahne aufkochen und über die Zartbitterschokolade gießen. Kurz stehen lassen und mit einem Löffel zu einer glatten Creme verrühren.

Aufbau Körper (Teil 2)

20. Den Teddykörper dünn mit der Ganache einstreichen.
21. Aus der Kuchen-Mascarpone-Masse Arme, Beine, Ohren und ein Schwänzchen formen. Auf die noch feuchte Ganache drücken und mit der restlichen Ganache einstreichen.
22. Die Torte an einen kühlen Ort oder in den Kühlschrank stellen, bis die Ganache fest ist.

Swiss-Meringue-Buttercreme

23. Eiweiß, Zucker, Salz und Zitronensaft über dem Wasserbad unter ständigem Rühren auf 30 Grad erwärmen.
24. Alles in die Rührschüssel der Küchenmaschine geben und so lange schlagen, bis sich Spitzen bilden.
25. Die Butterwürfel unter ständigem Rühren portionsweise zufügen und so lange rühren, bis eine homogene Masse entstanden ist.
26. Die Zartbitterschokolade über dem Wasserbad schmelzen, etwas abkühlen lassen und langsam unter die Buttercreme rühren.
27. Die Buttercreme kurz in den Kühlschrank stellen, damit sie etwas fester wird.

Fertigstellung

28. Den Fondant einfärben und die Innenflächen für die Ohren, Beine, Schnauze und Nase sowie die Augen herstellen. Bis auf die Augen alles mit Lebensmittelkleber ankleben.
29. Die Buttercreme in einen Spritzbeutel mit Grastülle füllen und auf den Teddykörper aufspritzen.
30. Die Fondant-Augen in die Buttercreme drücken.

Tipps

- Wer keine Halbkugelformen hat, kann auch kleine Springformen mit gleichem Durchmesser verwenden und diese in Halbkugelform schneiden.
- Falls die Gliedmaßen nicht gut am Körper haften, kann man einfach einen Zahnstocher hineinstecken. Wenn die Ganache getrocknet ist, kann dieser wieder entfernt werden.
- Übrig gebliebene Buttercreme hält sich gut verschlossen bis zu 5 Tage im Kühlschrank.
- Für einen farbigen Teddybär – etwa in Rosa oder Hellblau – wird die Zartbitterschokolade in der Buttercreme durch Gel-Lebensmittelfarbe ersetzt.

Prinzessinnentorte

Hohe Springform (Ø 20 cm)

Backtemperatur: 180 °C ▭
Backzeit: etwa 40 Minuten

Biskuit
4 Eiweiß
4 EL Wasser
120 g Zucker
4 Eigelb
120 g Mehl
40 g Stärkemehl

Füllung
250 g Mascarpone
300 g Himbeer-Skyr
40 g Staubzucker
100 g Himbeeren

Swiss-Meringue-Buttercreme
2 Eiweiß
100 g Zucker
1 Prise Salz
1 TL Zitronensaft
150 g weiche Butter, in Würfel geschnitten

Weiteres
Gel-Lebensmittelfarbe

Meine Dekoration
Fondant-Krone
Fondant-Sterne
Zuckerperlen

Biskuit

1. Eiweiß, Wasser und Zucker steif schlagen, bis die Masse weiß glänzend ist.
2. Eigelb verquirlen und mit dem Schneebesen unter den Eischnee heben. Das Mehl und das Stärkemehl darübersieben und ebenfalls vorsichtig unterheben.
3. Die Masse in eine mit Backpapier ausgelegte Springform füllen und im vorgeheizten Backofen bei 180 Grad (▭) etwa 40 Minuten backen.
4. Aus dem Backofen nehmen und auf einem Kuchengitter auskühlen lassen.

Füllung

5. Mascarpone, Skyr und Staubzucker gut verrühren.

Aufbau

6. Den Tortenboden zweimal waagerecht durchschneiden.
7. Einen verstellbaren Tortenring und Tortenrandfolie um einen Boden legen und die Hälfte der Füllung darauf verstreichen.
8. Die Hälfte der Himbeeren auf der Füllung verteilen und mit dem zweiten Tortenboden abdecken.
9. Den Vorgang wiederholen.
10. Die Torte mindestens 3 Stunden in den Kühlschrank stellen.

Swiss-Meringue-Buttercreme

11. Eiweiß, Zucker, Salz und Zitronensaft über dem Wasserbad unter ständigem Rühren auf 30 Grad erwärmen.
12. Alles in die Rührschüssel der Küchenmaschine geben und so lange schlagen, bis sich Spitzen bilden.
13. Die Butterwürfel unter ständigem Rühren portionsweise zufügen und so lange rühren, bis eine homogene Masse entstanden ist.
14. Die Buttercreme mit etwas Gel-Lebensmittelfarbe einfärben.

Fertigstellung

15. Die Torte dünn mit der Buttercreme einstreichen und mit einer Krone und Sternen aus Fondant sowie Zuckerperlen verzieren.

Nougat-Cupcakes

Für 12 Stück

Muffinblech

Backtemperatur: 160 °C

Backzeit: etwa 35 Minuten

Cupcakes

2 Eier
90 g Zucker
100 g Öl
100 g Milch
120 g Mehl
½ Pkg. Backpulver
40 g Stärkemehl
10 g Backkakao

Nougatcreme

500 g Mascarpone
200 g Nuss-Nougat-Creme

Meine Dekoration

Streudekor

Cupcakes

1. Die Eier mit Zucker in der Küchenmaschine oder mit dem Handrührgerät schaumig schlagen. Öl und Milch nach und nach unterrühren.
2. Mehl, Backpulver, Stärkemehl und Kakao vermischen und über die Eier-Zucker-Masse sieben. Mit dem Schneebesen unterheben.
3. Ein Muffinblech mit Muffinförmchen auslegen und den Teig gleichmäßig auf die Förmchen verteilen.
4. Im vorgeheizten Backofen bei 180 Grad () etwa 35 Minuten backen.
5. Aus dem Backofen nehmen und auskühlen lassen.

Nougatcreme

6. Mascarpone und Nuss-Nougat-Creme gut verrühren.

Fertigstellung

7. Die Nougatcreme in einen Spritzbeutel mit Sterntülle füllen und auf die Muffins aufspritzen. Mit Streudekor verzieren.

Tipps

- Ich verziere die Cupcakes auch oft mit bunten Schokolinsen oder Gummibärchen – kleine Kinder lieben das!
- Für Erwachsene oder größere Kinder kann man die Cupcakes auch mit Schokoraspeln oder kleinen Pralinen dekorieren.
- Sollte die Nougatcreme sehr weich sein, lässt man sie vor dem Aufspritzen einfach im Kühlschrank etwas fester werden.

Cakesicles

KUCHEN AM STIEL

Zutaten
300 g Rührkuchen
4 gehäufte EL Mascarpone
(etwa 120 g)

Weiteres
200 g Schokolade, temperiert
Holzstiele

Meine Dekoration
Zuckerperlen
Streudekor

Zubereitung

1. Den Rührkuchen zerbröseln und mit dem Mascarpone verkneten.
2. Die Masse etwa 1 Stunde im Kühlschrank fest werden lassen.

Fertigstellung

3. Mit der Hand oder mithilfe von Silikonformen Cakesicles formen.
4. Die Holzstiele in die geformten Kuchenstücke stecken.
5. Mindestens 3 Stunden im Kühlschrank fest werden lassen.
6. Die Cakesicles mit der temperierten Schokolade glasieren und mit Zuckerperlen und Streudekor verzieren.

Tipps

- Aus der Masse kann man auch Cake-Pops – Kuchenlollis – herstellen. Dafür wird die Kuchenbasis zu kleinen Kugeln gerollt und auf Holzspieße gesteckt. Wenn die Kugeln gut durchgekühlt sind, können sie glasiert und verziert werden.
- Cakesicles und Cake-Pops sind eine tolle Idee, um übrig gebliebenen Rührkuchen zu verwerten. Kinder lieben die kleinen Naschereien, die noch dazu richtig gut schmecken.
- Man kann die Kuchenstücke auch mit gehackten Pistazien oder Nüssen verzieren.

BESONDERE ANLÄSSE

Cream Tarte

Backtemperatur: 180 °C (Ober-/Unterhitze)
Backzeit: etwa 10 Minuten

Mürbteigböden
150 g Mehl
100 g kalte Butter, in Würfel geschnitten
45 g Staubzucker
1 Ei
1 Pkg. Vanillezucker
etwas Zitronenabrieb

Füllung
250 g Mascarpone
150 g Erdbeer-Skyr
25 g Sahne
40 g Staubzucker

Meine Dekoration
Himbeeren
Kekse (siehe Tipp)
Baisers (siehe Seite 24)
Rosenblüten
getrocknete Apfelringe

Mürbteig

1. Das Mehl auf die Arbeitsfläche sieben, die Butterwürfel dazugeben und alles zwischen den Händen zu Bröseln verreiben.
2. In die Mitte eine Mulde drücken. Staubzucker, Ei, Vanillezucker und Zitronenabrieb hineingeben und alles zügig zu einem glatten Teig verkneten.
3. Den Teig in Klarsichtfolie wickeln und im Kühlschrank mindestens 1 Stunde ruhen lassen.
4. Den Mürbteig aus dem Kühlschrank nehmen, kurz durchkneten und 3 mm dick ausrollen. 3 Böden in Herzform (etwa 20 cm) aus dem Teig schneiden. Auf ein mit Backpapier ausgelegtes Backblech legen und im vorgeheizten Backofen bei 180 Grad (Ober-/Unterhitze) etwa 10 Minuten backen.
5. Herausnehmen und auskühlen lassen.

Füllung

6. Mascarpone, Skyr, Sahne und Staubzucker zu einer glatten Creme verrühren.

Aufbau

7. Die Creme in einen Spritzbeutel mit Lochtülle füllen. Dichte Cremetupfen auf den ersten Boden aufspritzen und den zweiten Boden vorsichtig darauflegen.
8. Den Vorgang wiederholen und auch auf den dritten Boden Cremetupfen spritzen.
9. Über Nacht in den Kühlschrank stellen, damit die Böden gut durchziehen und weich werden.

Fertigstellung

10. Die Cream Tarte mit Himbeeren, Keksen, Baisers, Rosenblüten und Apfelringen verzieren.

Tipps

- Ich fertige mir für die Herzform eine Schablone aus Papier an – das kann man auch für Zahlen oder Buchstaben machen – und lege sie auf den ausgerollten Teig. Mit einem Messer muss ich dann nur noch an der Schablone entlang schneiden.
- Die Mürbteigböden lassen sich gut vorbereiten. Sie halten sich luftdicht verschlossen in einer Keksdose etwa so lange wie normale Mürbteigkekse.
- Aus dem übrig gebliebenen Mürbteig backe ich kleine Kekse, die ich dann für die Dekoration verwende. Man kann die Kekse auch noch mit Fondant verzieren (wie auf dem Foto).
- Ich dekoriere die Cream Tarte immer erst kurz vor dem Servieren, damit die Kekse und Baisers nicht aufweichen.

Erdbeersahneherz

Herzform (Ø 20 cm)

Backtemperatur: 180 °C (Ober-/Unterhitze)
Backzeit: etwa 35 Minuten

Biskuit
5 Eiweiß
5 EL Wasser
160 g Zucker
5 Eigelb
200 g Mehl

Füllung
400 g Sahne
2 Pkg. Vanillezucker
70 g Erdbeeren, püriert

Weiteres
150 g Erdbeeren, in Scheiben geschnitten

Meine Dekoration
Erdbeeren
Rosenblüten
Zuckerperlen

Biskuit

1. Eiweiß, Wasser und Zucker steif schlagen, bis die Masse weiß glänzend ist.
2. Eigelb verquirlen und mit dem Schneebesen unter den Eischnee heben. Das Mehl darübersieben und ebenfalls vorsichtig unterheben.
3. Die Masse in eine mit Backpapier auslegte Form füllen und im vorgeheizten Backofen bei 180 Grad (Ober-/Unterhitze) etwa 35 Minuten backen.
4. Herausnehmen und auf einem Kuchengitter auskühlen lassen.

Erdbeersahne

5. Die Sahne mit Vanillezucker steif schlagen und die pürierten Erdbeeren vorsichtig unterziehen.

Aufbau

6. Den Tortenboden zweimal waagerecht durchschneiden.
7. Den ersten Tortenboden mit einem Drittel der Erdbeersahne bestreichen und die Hälfte der Erdbeerscheiben darauflegen. Mit dem zweiten Boden abdecken.
8. Den Vorgang wiederholen.
9. Das Herz mit der restlichen Erdbeersahne einstreichen und am Tortenrand kleine Tuffs aufspritzen. Mit Erdbeeren, Rosenblüten und Zuckerperlen verzieren.

Tipp

- Statt in der Herzform kann man den Biskuit auch in einer 20-cm-Springform backen. Die Backzeit bleibt gleich.

Mirror-Glaze-Schokomousse-Torte

Springform (Ø 24 cm)

2 Silikonformen (Ø 18 und 26 cm)

Backtemperatur: 180 °C

Backzeit: etwa 20 Minuten

Fruchteinlage

2 Blatt Gelatine
200 g Heidelbeeren, püriert
60 g Zucker
½ Zitrone, Saft

Biskuit

4 Eiweiß
4 EL Wasser
120 g Zucker
4 Eigelb
160 g Mehl

Schokomousse

3 Eier
300 g Vollmilchschokolade, gehackt
5 Blatt Gelatine
600 g Sahne

Mirror Glaze

8 Blatt Gelatine
100 g Wasser
80 g Glukosesirup
180 g Zucker
2 Pkg. Vanillezucker
80 g Backkakao
200 g Sahne

Meine Dekoration

Physalis
Lebensmittelfarbe (Bronze)
Vollmilchschokoladensplitter

Fruchteinlage

1. Die Gelatine 10 Minuten in kaltem Wasser einweichen.
2. Das Heidelbeerpüree erwärmen, Zucker und Zitronensaft dazugeben, kurz aufkochen und vom Herd nehmen.
3. Die gut ausgedrückte Gelatine im heißen Heidelbeerpüree auflösen.
4. Alles in die kleine Silikonform oder einen Tortenring (Ø 18 cm) füllen und einfrieren.

Biskuit

5. Eiweiß, Wasser und Zucker steif schlagen, bis die Masse weiß glänzend ist.
6. Eigelb verquirlen und mit dem Schneebesen unter den Eischnee heben. Das Mehl darübersieben und ebenfalls vorsichtig unterheben.
7. Die Masse in eine mit Backpapier auslegte Springform füllen und im vorgeheizten Backofen bei 180 Grad (□) etwa 20 Minuten backen.
8. Herausnehmen und auf einem Kuchengitter auskühlen lassen.

Schokomousse

9. Die Eier über dem Wasserbad hellgelb aufschlagen, bis das Volumen deutlich zugenommen hat.
10. Die Schokolade über dem Wasserbad schmelzen lassen und unter ständigem Rühren langsam unter die Eiermasse ziehen.
11. Die Gelatine in kaltem Wasser etwa 10 Minuten einweichen, die Sahne steif schlagen.
12. Die Gelatine gut ausdrücken, in einen Topf geben und unter ständigem Rühren bei schwacher Hitze auflösen. Zum Temperaturausgleich etwas geschlagene Sahne unterrühren, dann alles unter die restliche geschlagene Sahne ziehen.
13. Die Sahne vorsichtig unter die Schokoladen-Eier-Masse heben.

Aufbau

14. Etwa drei Viertel der Schokomousse in eine Silikonform (Ø 26 cm) gießen.
15. Die Fruchteinlage mittig darauflegen und etwas in die Mousse drücken.
16. Den Tortenboden darauflegen und ebenfalls in die Mousse drücken.
17. Die restliche Mousse in einen Spritzbeutel füllen und um den Tortenboden spritzen, sodass die Silikonform an den Seiten ausgefüllt ist und über dem Tortenboden eine glatte Fläche bildet.
18. Die Torte über Nacht einfrieren.

Mirror Glaze

19. Die Gelatine in kaltem Wasser etwa 10 Minuten einweichen.
20. Wasser, Glukosesirup, Zucker und Vanillezucker zum Kochen bringen. Vom Herd nehmen, den Kakao dazugeben und glatt rühren.
21. Die gut ausgedrückte Gelatine unter Rühren in der Flüssigkeit auflösen.
22. Die Sahne dazugeben und ebenfalls gut unterrühren.
23. Die Glasur durch ein Sieb gießen und auf 36 Grad abkühlen lassen. Dabei hin und wieder umrühren.

Fertigstellung

24. Die Torte aus dem Tiefkühler nehmen und umgedreht auf ein höheres Gefäß stellen, damit die Glasur nach unten abfließen kann.
25. Die Torte aus der Silikonform stülpen und die Glasur sofort von der Mitte her kreisförmig über die Torte gießen.
26. Die Glasurtropfen am unteren Tortenrand mit einem Messer abschneiden und die Torte auf einen Tortenteller heben.
27. Im Kühlschrank langsam (mindestens 6 Stunden) auftauen lassen.
28. Mit Lebensmittelfarbe, Physalis und Schokoladensplittern verzieren.

Tipps

- Ich stelle die Torte zum Glasieren immer auf einen umgedrehten Topf, der etwas kleiner ist als die Torte, und diesen auf ein kleines Backblech. Auf diese Weise kann die Glasur schön an der Torte hinunterfließen und die überschüssige Glasur wird aufgefangen.
- Übrig gebliebene Glasur kann man in einen luftdichten Behälter füllen und einige Tage im Kühlschrank aufbewahren. Zum Wiederverwenden einfach im Wasserbad auf 36 Grad erwärmen.
- Die Torte muss vor dem Glasieren eiskalt sein, sonst haftet die Glasur nicht. Außerdem muss die Temperatur der Glasur exakt 36 Grad betragen.

Himbeer-Buttercreme-Torte

2 hohe Springformen (Ø 20 cm und 15 cm)

2 Silikonformen (Ø 18 und 13 cm)

Backtemperatur: 180 °C

Backzeit: etwa 35 Minuten

Fruchteinlage

4 Blatt Gelatine
500 g Himbeeren, püriert
30 g Staubzucker
½ Zitrone, Saft

Biskuit

10 Eiweiß
10 EL Wasser
200 g Zucker
10 Eigelb
400 g Mehl

Swiss-Meringue-Buttercreme

9 Eiweiß
150 g Zucker
1 Prise Salz
3 TL Zitronensaft
600 g weiche Butter, in Würfel geschnitten

Weiteres

50 g Himbeermark
200 g frische Himbeeren
Läuterzucker
3 stabile Strohhalme zum Stützen
1 Tortenplatte (Ø 14 cm)

Meine Dekoration

Lebensmittelspray (für den Glanz)
verschiedene Blüten

Fruchteinlage

1. Die Gelatine etwa 10 Minuten in kaltem Wasser einweichen.
2. Das Himbeerpüree erwärmen, Staubzucker und Zitronensaft zufügen, kurz aufkochen und vom Herd nehmen.
3. Die Gelatine gut ausdrücken und unter Rühren in der Flüssigkeit auflösen.
4. Die Masse in 2 Silikonformen oder Tortenringe (Ø 18 bzw. 13 cm) füllen und einfrieren.

Biskuit

5. Eiweiß, Wasser und Zucker steif schlagen, bis die Masse weiß glänzend ist.
6. Eigelb verquirlen und mit dem Schneebesen unter den Eischnee heben. Das Mehl darübersieben und ebenfalls vorsichtig unterheben.
7. Die Masse in die mit Backpapier auslegten Springformen füllen und im vorgeheizten Backofen bei 180 Grad () etwa 35 Minuten backen.
8. Aus dem Ofen nehmen und auf einem Kuchengitter auskühlen lassen.

Swiss-Meringue-Buttercreme

9. Eiweiß, Zucker, Salz und Zitronensaft über dem Wasserbad unter ständigem Rühren auf 30 Grad erwärmen.
10. Alles in die Rührschüssel der Küchenmaschine geben und so lange rühren, bis sich Spitzen bilden.
11. Die Butter unter Rühren portionsweise zufügen und so lange schlagen, bis eine homogene Creme entstanden ist.
12. Ein Drittel der Buttercreme abnehmen, das Himbeermark unterrühren, in einen Spritzbeutel füllen und beiseitestellen.

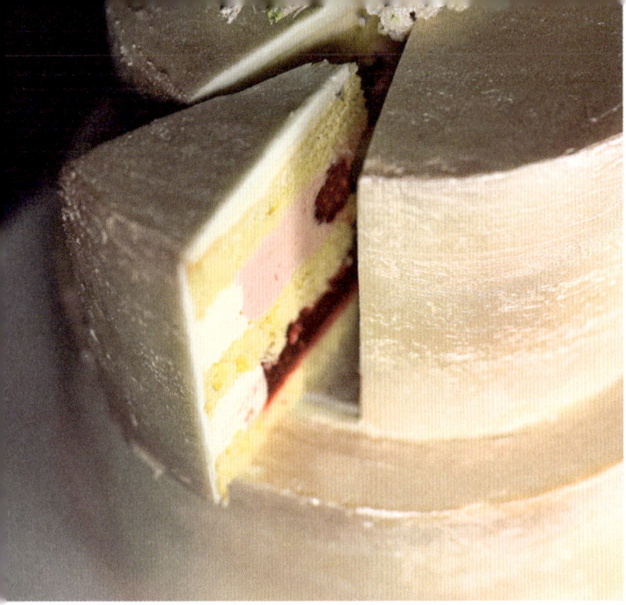 

Aufbau

13. Die beiden Tortenböden jeweils zweimal waagerecht durchschneiden und mit Läuterzucker tränken.
14. Einen großen und einen kleinen Tortenboden mit je einem verstellbaren Tortenring und Tortenrandfolie umlegen und je eine gefrorene Fruchteinlage daraufsetzen.
15. Etwa die Hälfte der Buttercreme in einen Spritzbeutel mit Lochtülle füllen und so viel um die Fruchteinlagen spritzen, dass die Schicht bis zum Tortenrand reicht.
16. Jeden Boden mit einem weiteren abdecken und am Tortenrand entlang einen Ring aus Buttercreme aufspritzen. Den Kreis mit Himbeerbuttercreme auffüllen und die frischen Himbeeren hineindrücken.
    Mit je einem weiteren Boden abschließen.
17. Die Torten im Kühlschrank fest werden lassen.
18. Herausnehmen und mit der restlichen Buttercreme einstreichen.

Fertigstellung

19. In die Mitte der größeren Torte die Strohhalme stecken, die Tortenplatte auflegen und die kleinere Torte daraufsetzen.
20. Die Torten mit Lebensmittelspray einsprühen, damit sie glänzen, und mit Blüten verzieren.

Himbeer-Joghurt-Torte

Hohe Springform (Ø 20 cm)
Backtemperatur: 180 °C (Ober-/Unterhitze)
Backzeit: etwa 40 Minuten

Biskuit
6 Eiweiß
6 EL Wasser
180 g Zucker
6 Eigelb
240 g Mehl

Füllung
6 Blatt Gelatine
400 g Joghurt
50 g Staubzucker
200 g Sahne
100 g Himbeeren

Zum Einstreichen
150 g Sahne

Drip
50 g Ruby-Schokolade
25 g Butter

Meine Dekoration
Himbeeren
Gänseblümchen
Zuckerperlen

Biskuit

1. Eiweiß, Wasser und Zucker steif schlagen, bis die Masse weiß glänzend ist.
2. Eigelb verquirlen und mit dem Schneebesen unter den Eischnee heben. Das Mehl darübersieben und ebenfalls vorsichtig unterheben.
3. Die Masse in eine mit Backpapier ausgelegte Springform füllen und im vorgeheizten Backofen bei 180 Grad (Ober-/Unterhitze) etwa 40 Minuten backen.
4. Herausnehmen und auf einem Kuchengitter auskühlen lassen.

Füllung

5. Die Gelatine in kaltem Wasser etwa 10 Minuten einweichen.
6. Den Naturjoghurt mit Staubzucker verrühren und die Sahne steif schlagen.
7. Die Gelatine gut ausdrücken, in einen Topf geben und unter ständigem Rühren bei schwacher Hitze auflösen. Zum Temperaturausgleich etwas geschlagene Sahne unterrühren, dann alles unter die restliche geschlagene Sahne ziehen.
8. Die Sahne vorsichtig unter den Naturjoghurt heben.

Aufbau

9. Den Tortenboden zweimal waagerecht durchschneiden.
10. Einen verstellbaren Tortenring und Tortenrandfolie um einen Tortenboden legen, die Hälfte der Füllung darauf verstreichen und die Hälfte der Himbeeren in die Füllung drücken. Mit einem weiteren Tortenboden abdecken.
11. Den Vorgang wiederholen.
12. Die Torte mindestens 6 Stunden in den Kühlschrank stellen.

Fertigstellung

13. Die Sahne steif schlagen und die Torte damit einstreichen. Mindestens 2 Stunden in den Kühlschrank stellen.
14. Für den Drip die Schokolade zusammen mit der Butter über dem Wasserbad schmelzen lassen. Gut verrühren.
15. Den Drip etwas abkühlen lassen (er sollte aber noch dünnflüssig sein) und in einen kleinen Spritzbeutel füllen.
16. Eine kleine Öffnung in den Spritzbeutel schneiden und den Drip an der Tortenkante entlang aufspritzen, sodass er über den Tortenrand fließt.
17. Die Torte mit Himbeeren, Gänseblümchen und Zuckerperlen verzieren.

Tipps

- Damit der Drip gelingt, muss die Torte gut gekühlt sein. Die Tropfen dürfen nicht bis zum Boden rinnen, sondern müssen am Tortenrand fest werden.
- Man kann den Drip auch mit einem Löffel oder einer Spritzflasche auftragen.
- Ruby-Schokolade wird aus Ruby-Kakaobohnen hergestellt. Sie hat eine rosa Farbe und einen fruchtigen Himbeergeschmack. Ruby-Schokolade kann man durch weiße Schokolade ersetzen, die eventuell mit ölhaltiger Lebensmittelfarbe eingefärbt werden kann.

Lebkuchenmousse-Torte

Hohe Springform (Ø 20 cm)

Silikonform (Ø 18 cm)

Backtemperatur: 180 °C

Backzeit: etwa 55 Minuten

Fruchteinlage
2 Blatt Gelatine
300 g Pflaumenkompott, passiert
½ TL Zimt
½ Zitrone, Saft

Boden
4 Eier
180 g Zucker
200 g Öl
200 g Milch
240 g Mehl
40 g Stärkemehl
20 g Backkakao
1 Pkg. Backpulver

Lebkuchenmousse
2 Blatt Gelatine
100 g weiße Schokolade, gehackt
1 TL Lebkuchengewürz
400 g Sahne
1 Pkg. Vanillezucker

Ganache
150 g Sahne
400 g weiße Schokolade, gehackt

Frosting
250 g Mascarpone
100 g Sahne
30 g Staubzucker

Meine Dekoration
Lebkuchenkugeln (siehe Seite 30)
Zimtstange
Sternanis
Mürbteigring

Fruchteinlage

1. Die Gelatine in kaltem Wasser etwa 10 Minuten einweichen.
2. Das passierte Pflaumenkompott erwärmen, Zimt und Zitronensaft dazugeben, kurz aufkochen und vom Herd nehmen.
3. Die gut ausgedrückte Gelatine unter Rühren in der Flüssigkeit auflösen.
4. Alles in eine Silikonform oder einen Tortenring (Ø 18 cm) füllen und einfrieren.

Boden

5. Eier und Zucker hellgelb aufschlagen. Öl und Milch zugeben und so lange weiterrühren, bis sich alle Zutaten gut vermengt haben.
6. Mehl, Stärkemehl, Kakao und Backpulver vermischen, über die Eiermasse sieben und mit dem Schneebesen unterheben.
7. Den Teig in eine mit Backpapier ausgelegte Springform füllen und im vorgeheizten Backofen bei 180 Grad (⊟) etwa 55 Minuten backen.
8. Herausnehmen und auf einem Kuchengitter auskühlen lassen.

Lebkuchenmousse

9. Die Gelatine in kaltem Wasser etwa 10 Minuten einweichen.
10. Die Schokolade über dem Wasserbad schmelzen lassen und das Lebkuchengewürz unterrühren.
11. Die Sahne mit Vanillezucker steif schlagen.
12. Die Gelatine gut ausdrücken, in einen Topf geben und unter ständigem Rühren bei schwacher Hitze auflösen. Zum Temperaturausgleich etwas geschlagene Sahne unterrühren, dann alles unter die restliche geschlagene Sahne ziehen.
13. Die geschmolzene Schokolade vorsichtig unter die Sahne heben.

Aufbau

14. Den Tortenboden zweimal waagerecht durchschneiden.
15. Einen verstellbaren Tortenring und Tortenrandfolie um einen Tortenboden legen und die gefrorene Fruchteinlage mittig darauflegen.
16. Die Lebkuchenmousse in einen Spritzbeutel mit Lochtülle füllen und rund um die Fruchteinlage aufspritzen, sodass die Schicht bis zum Rand reicht.
17. Den zweiten Tortenboden darauflegen, die restliche Lebkuchenmousse darauf verteilen und glatt streichen.
18. Den dritten Tortenboden darauflegen und die Torte mindestens 6 Stunden in den Kühlschrank stellen.

Ganache

19. Die Sahne aufkochen und über die Schokolade gießen. Kurz stehen lassen und glatt rühren.
20. Die Ganache etwas abkühlen lassen und die Torte damit einstreichen. Im Kühlschrank aushärten lassen.

Frosting

21. Mascarpone mit Staubzucker und Sahne in der Küchenmaschine oder mit dem Handrührgerät glatt rühren.

Fertigstellung

22. Die Torte mit dem Frosting einstreichen und mit Lebkuchenkugeln, einer Zimtstange, Sternanis und einem Mürbteigring verzieren.

Tipp

- Die Lebkuchenmousse-Torte schmeckt am besten, wenn sie gut durchgezogen ist. Sie sollte deshalb am Vortag zubereitet werden.

No-bake-cheesecake

KÄSEKUCHEN OHNE BACKEN

Springform (Ø 24 cm)

Tourbillon-Silikonform (Ø 16 cm)

Fruchtauflage
2 Blatt Gelatine
200 g Marillenkompott, püriert

Boden
300 g Butterkekse
160 g Butter, zerlassen

Creme
4 Blatt Gelatine
500 g Mascarpone
250 g Frischkäse
500 g Sahne
2 Zitronen, Saft
100 g Staubzucker

Meine Dekoration
Erdbeeren
Himbeeren
Brombeeren
Rote Johannisbeeren
Physalis

Fruchtaufleger

1. Die Gelatine in kaltem Wasser etwa 10 Minuten einweichen.
2. Das Marillenpüree kurz aufkochen, vom Herd nehmen und die gut ausgedrückte Gelatine darin auflösen.
3. In die Silikonform gießen und einfrieren.

Boden

4. Die Butterkekse fein zerbröseln und gut mit der zerlassenen Butter vermengen.
5. Eine Springform mit Tortenrandfolie auslegen und die Brösel-Butter-Mischung auf dem Boden verteilen. Gut andrücken.
6. Etwa 1 Stunde in den Kühlschrank stellen.

Creme

7. Die Gelatine in kaltem Wasser 10 Minuten einweichen.
8. Mascarpone, Frischkäse, Sahne, Zitronensaft und Staubzucker zu einer glatten Creme verrühren.
9. Die Gelatine gut ausdrücken, in einen Topf geben und unter ständigem Rühren bei schwacher Hitze auflösen. Zum Temperaturausgleich 1–2 EL Creme unterrühren, dann alles unter die restliche Creme ziehen.
10. Die Creme auf dem Keksboden verteilen.
11. Mindestens 4 Stunden in den Kühlschrank stellen und fest werden lassen.

Fertigstellung

12. Herausnehmen und den gefrorenen Fruchtaufleger auf die Torte legen.
13. Mit den Früchten verzieren.

GEWINNERREZEPT SÜDTIROL 1 BACKCHALLENGE

Schokolade, Banane und Vanille sind eine so beliebte Kombination, dass weltweit unzählige Rezepte und Variationen zu finden sind. Auch bei uns in Südtirol gibt es die unterschiedlichsten Varianten. **Südtirol 1 Hörerin Evelyn Thaler** sendete ihr Lieblingsrezept, das sie vor 25 Jahren von ihrer Tante Marlene bekommen hat, ein. Dabei ist hier die Kombination aus Bitterschokolade und Marillenmarmelade auf einem flachen und kompakten Biskuitteig ohne Wasser wichtig. Bei der **„Südtirol 1 Backchallenge"** hat sie sich mit diesem Rezept gegen unzählige andere Bewerber*innen durchgesetzt. Bettina Faoro hat sie als Gewinnerin auserkoren.

EVELYN THALER, 1973 geboren, ist hauptberuflich Sekretärin und liebt es, in ihrer Freizeit für Familie und Freunde zu backen. Bereits seit Jahren bezeichnet sie das Backen als ihre Leidenschaft, weshalb sie zu jedem Anlass Torten und Kuchen liebend gerne selbst macht – durchschnittlich einmal pro Woche. Besonders die Bananenschnitten sind bei fast jeder Feier dabei, weil sie einfach jedem schmecken.

Evelyns Bananenschnitten

Für 1 Backblech

Backtemperatur: 190 °C

Backzeit: etwa 10 Minuten

Biskuitboden

8 Eiweiß
8 EL Zucker
1 Pkg. Vanillezucker
8 Eigelb
8 EL Mehl
1 Pkg. Backpulver

Vanillepuddingcreme

1 Pkg. Vanillepuddingpulver (ohne Zucker)
250 ml Milch
125 g Butter (Zimmertemperatur)
125 g Zucker
1 Eigelb

Weiteres

Marillenmarmelade
8 Bananen
200 g Bitterschokolade
150 g Butter

Biskuitboden

1. Eiweiß, Zucker und Vanillezucker in der Küchenmaschine oder mit dem Handrührgerät steif schlagen. Eigelb nach und nach dazugeben und alles gut verrühren.
2. Mehl und Backpulver vermischen, darübersieben und auf niedrigster Stufe einrühren.
3. Die Masse gleichmäßig auf ein Backblech streichen und im vorgeheizten Backofen bei 190 Grad () etwa 10 Minuten backen.
4. Herausnehmen, sofort auf ein anderes Backblech stürzen und auskühlen lassen.

Vanillepuddingcreme

5. Vanillepuddingpulver mit Milch zu einem Pudding zubereiten und fast ganz auskühlen lassen.
6. Butter, Zucker und Eigelb zu einer Creme verrühren und den Vanillepudding unterrühren.

Aufbau

7. Den Biskuitboden mit Marillenmarmelade bestreichen.
8. Die Bananen in Scheiben schneiden und den Biskuit dicht belegen.
9. Die Vanillepuddingcreme gleichmäßig darauf verteilen und in den Kühlschrank stellen, bis die Creme fest wird.

Fertigstellung

10. Die Bitterschokolade mit der Butter über dem Wasserbad schmelzen lassen und die Vanillepuddingcreme mit der Schokoladenglasur überziehen.
11. Das Ganze noch kurz in den Kühlschrank stellen und in ca. 4 x 4 cm große Bananenschnitten schneiden.

Dank

Ein Dankschön an

meine lieben Freundinnen Anita, Lena, Ines, Carmen, Evi, Nora und Barbara – ihr habt euch mit mir über dieses Projekt gefreut und an die Realisierung geglaubt;

Nora fürs Erstlesen;

meine liebe Facebook-Freundin Renate Reichegger für den Austausch und die geteilte Vorfreude;

alle meine Follower in der Facebook-Gruppe „Rezepte aus Südtirol" – danke für die lieben Komplimente und die vielen Mitteilungen, dass euch meine Rezepte gelungen sind.

Ein großes Dankeschön an Ingrid Marmsoler, die mir die Möglichkeit zur Erfüllung meines Traumes gegeben hat.

Mein größter Dank geht aber an meine Familie! Danke, dass ich mich viele, viele Stunden in die Küche zurückziehen konnte, um für das Buch zu backen und zu schreiben. Danke, Jungs, und danke, mein Schatz, dass ihr euch so mit mir freut.

WAS WÄRE EIN BACKBUCH OHNE TOLLE BILDER?

Ein großes Dankeschön an meinen Fotografen Manfred Pernthaler. Danke, dass du sofort bereit warst, mich bei meinem Projekt zu unterstützen. Ich wusste, deine Bilder werden genauso, wie ich sie mir vorgestellt habe. Du hast meine Erwartungen sogar noch übertroffen! Vielen Dank für die gute Zusammenarbeit und die wundervollen Bilder. Danke, Manni, es war eine besondere Zeit.

Bettina Faoro

ist leidenschaftliche Hobbybäckerin und liebt es, Neues auszuprobieren. Schon als Kind war sie sehr einfallsreich und fantasievoll. Ihre Kreativität spiegelt sich nun in ihren Torten, aber auch in einfachen Kuchen wider. Am liebsten backt sie für Familie und Freunde sowie zu besonderen Anlässen. Viele Rezepte veröffentlicht sie auf Facebook, vor allem in der Gruppe „Rezepte aus Südtirol“,
wo ihre Kreationen extrem beliebt sind. Mit ihrem ersten Backbuch geht ein großer Traum der Sozialbetreuerin in Erfüllung: „Ein Traum ist nur ein Traum, bis du entscheidest, ihn zu verwirklichen.“

Bibliografische Information
der Deutschen Nationalbibliothek
Die Deutsche Nationalbibliothek verzeichnet diese Publikation in der Deutschen Nationalbibliografie; detaillierte bibliografische Daten sind im Internet abrufbar: http://dnb.d-nb.de

2. Auflage 2022

Lektorat: Kathrin Kötz
Fotos Umschlag und Innenteil: Manfred Pernthaler, außer Seite 104 Foto Section 99, Sarnthein
Design & Layout: Athesia-Tappeiner Verlag
Bildbearbeitung: Typoplus, Frangart
Druck: Printer Trento
Papier: Vorsatz und Innenteil Tauro Offset

Gesamtkatalog unter
www.athesia-tappeiner.com

Fragen und Hinweise bitte an
buchverlag@athesia.it

ISBN 978-88-6839-604-6
ISBN 978-88-6839-605-3 (e-Book)

Bildbeschreibung Umschlag
Candy Cake (Rezept Seite 98)

MIX
Papier | Fördert gute Waldnutzung
FSC® C015829
www.fsc.org

Dieses Buch wurde der Umwelt zuliebe nicht mit einer Schutzfolie eingeschweißt.

designed + produced
IN SÜDTIROL